2022 年河北省高等学校英语教学改革研究与实践项目"应用型本科院校大学英语教师 PLC 建设的研究与实践"（2022YYJG070）

2023 年衡水学院高层次人才科研启动基金项目"强人工智能时代外语教师身份认同研究"（2023GC14）

大学英语教师专业发展 与学习共同体研究

李 伟 著

群言出版社
QUNYAN PRESS

·北 京·

图书在版编目（CIP）数据

大学英语教师专业发展与学习共同体研究 / 李伟著 . --
北京 ： 群言出版社，2024. 6. -- ISBN 978-7-5193
-0959-6

Ⅰ . H319.3

中国国家版本馆 CIP 数据核字第 2024AK0254 号

责任编辑：孙华硕
封面设计：知更壹点

出版发行：群言出版社
地　　址：北京市东城区东厂胡同北巷1号（100006）
网　　址：www.qypublish.com（官网书城）
电子信箱：qunyancbs@126.com
联系电话：010-65267783　65263836
法律顾问：北京法政安邦律师事务所
经　　销：全国新华书店

印　　刷：河北赛文印刷有限公司
版　　次：2024年6月第1版
印　　次：2024年6月第1次印刷
开　　本：710mm×1000mm　1/16
印　　张：10.75
字　　数：215千字
书　　号：ISBN 978-7-5193-0959-6
定　　价：60.00元

作者简介

　　李伟，女，衡水学院讲师，硕士，毕业于燕山大学外国语言学及应用语言学专业。研究方向：外国语言学及应用语言学，英语教学。主持过多项校级教改课题，荣获 2019 年河北省高校外语教学大赛暨第十届"外教社杯"全国高校外语教学大赛河北赛区大学英语听说组二等奖，2020 年第六届中国外语微课大赛河北赛区本科英语组一等奖、全国决赛本科英语组一等奖，2021 年河北省高等学校第七届外语微课大赛本科英语组二等奖，2022 年河北省高校外语教学大赛大学英语视听说组二等奖，河北省高等学校第八届外语微课大赛本科英语组二等奖。

前　言

随着经济全球化和信息化时代的到来，英语作为国际交流的通用语言，其重要性日益凸显。大学英语教师作为学生英语学习的引导者和促进者，对于培养学生的英语能力和拓展学生的国际视野起着至关重要的作用。因此，随着教育改革的不断深入，大学英语教师需要不断更新教育理念，提升教学技能，以适应新时代的需求。

学习共同体作为一种以共同愿景和共享价值观为基础，由教师、学生、管理者等构成的有机整体，可以为教师专业发展提供良好的环境和支持。在大学英语教师专业发展与学习共同体的构建过程中，教师可以相互学习、交流经验，共同探讨教育教学中遇到的问题，从而不断提高自身的专业素养。同时，学习共同体还可以促进教师之间的合作与交流，增强团队的凝聚力和向心力，提高教学质量和水平。

全书共七章。第一章为大学英语教师专业发展概述，主要阐述了大学英语教师专业发展的相关理论、大学英语教师专业发展的要素、大学英语教师专业发展的模式、大学英语教师培训的方法论、大学英语教师专业发展的现实意义等内容。第二章为大学英语教师专业发展问题与影响因素，主要阐述了大学英语教师专业发展存在的问题和大学英语教师专业发展的影响因素等内容。第三章为大学英语教师专业发展与反思性教学，主要包括反思性教学概述、反思性教学与大学英语教师专业发展、基于反思性教学的大学英语教师专业发展路径等内容。第四章为大学英语教师专业发展与信息素养提升，主要包括信息素养概述、大学英语教师信息素养现状、基于信息素养提升的大学英语教师专业发展策略等内容。第五章为学习共同体，主要阐述了学习共同体相关概念、学习共同体与学校教育、学习共同体与社会关系、学习共同体与教师专业发展等内容。第六章为大学英语教师专业学习共同体存在的问题与影响因素，主要阐述了大学英语教师专业学习共同体存在的问题和大学英语教师专业学习共同体的影响因素等内容。第七章为大学英语教师专业学习共同体建构路径，主要阐述了大学英语教师专业学习共同体建构的步骤、大学英语教师专业学习共同体建构的策略、大学英语教师专业学习共同体建构的机制等内容。

为了确保研究内容的丰富性和多样性，笔者在写作过程中参考了大量文献，在此向涉及的专家学者表示衷心的感谢。

最后，限于笔者水平，加之时间仓促，本书难免存在一些不足之处，在此，恳请同行专家和读者朋友批评指正！

李　伟
2023 年 10 月

目　　录

第一章　大学英语教师专业发展概述

大学英语教师专业发展对于提升教学质量和学生学习效果具有至关重要的作用。随着高等教育的迅猛发展，大学英语教师不仅需要具备扎实的学科知识和教学技能，还需要不断拓展教育视野和提高专业素养，以应对教育环境带来的挑战。本章围绕大学英语教师专业发展的相关理论、大学英语教师专业发展的要素、大学英语教师专业发展的模式、大学英语教师培训的方法论、大学英语教师专业发展的现实意义等内容展开研究。

第一节　大学英语教师专业发展的相关理论

一、教师专业发展

（一）内涵

从教师专业发展作为一个专门术语提出到现在，人们对其内涵还没有统一的认识。综观中外学者对教师专业发展所做的界定，人们对该术语的探究主要从纵向和横向两个视角来进行。

在纵向上，教师专业发展被理解为一个连续的、包含职业生涯的终身过程，即教师教育，包括教师的职前培养、入职教育以及在职培训。有学者认为，教师专业发展就是教师个人在职前师资培育、任教和在职进修的整个过程中都必须持续地学习与研究，不断发展其专业内涵，逐渐达到专业成熟的境界。中国社会科学院哲学研究所研究员陈霞认为，"教师专业发展是指一切促进在职教师专业成长的活动安排，既包括各种正式的学习、培训活动，也包括其他各种非正式的、融入日常专业实践的有意识的学习、培训活动"[①]。

在横向上，教师专业发展被理解为一个动态的正式学习和非正式学习过程。

[①]　陈霞.教师专业发展的实效性研究 [M].北京：北京大学出版社，2012.

该观点认为教师专业发展就是个体内在专业素质提高的过程，强调个体在专业发展中的主观能动性及专业发展的动态性和持续性。这一种含义使用得尤为广泛。如教育社会学家霍伊尔（Hoyle）认为，"教师专业发展是指在教学职业生涯的每一阶段，教师为掌握良好的专业实践而学习必备的知识与技能的过程"。美国心理学家佩里（Perry）认为，教师专业发展意味着教师个人在专业生活中的成长，包括信心的增强、技能的提高、对所任教学科知识的不断更新和深化。就其最积极的意义来说，教师专业发展包含着更多的内容，它意味着教师已经成长为一个超出技能层面的人，成为一个把工作提升为专业的人，把专业技能转化为权威的人。中国著名教育家叶澜认为"教师专业发展就是教师的专业成长或教师内在专业结构不断更新、演进和丰富的过程"[①]。《教师专业化的理论与实践（修订版）》中说："从本质上说，教师专业发展是教师个体专业不断发展的历程，是教师不断接受新知识、增长专业能力的过程。教师要成为一个成熟的专业人员，需要通过不断的学习与探究历程来拓展其专业内涵，提高专业水平，从而达到专业成熟的境界。"[②]在此把教师专业发展理解为教师不断提升自己的专业精神，不断接受新知识、提高专业能力的过程。在这个过程中，教师通过不断反思、探究、建构新知识，增长专业技能，培育专业精神，拥有专业自主能力，具备专业发展意识，从而达到专业成熟的境界。其中，专业精神、专业能力是教师专业素质结构的重要组成部分。

1. 专业精神

所谓教师专业精神是指教师在从事教育教学这一专业工作时所持有的理想、信念、态度、道德操守等，是指导教师从事本专业工作的精神动力。具体来说，教师专业精神包括教育信念、专业态度和职业道德。

教师的教育信念是教师在理解教育专业本质的基础上形成的关于教育的观念和理想信念，是教师的精神追求和奋斗目标，是教师提高素质的关键所在。教师的教育信念具有专一性、稳定性、执着性等特点。德国思想家卡尔·雅斯贝尔斯（Karl Jaspers）一再强调：教育须有信仰，没有信仰就不成其为教育，而只是教学的技术而已。教育的目的在于让自己清楚当下的教育本质和自己的意志，除此之外，是找不到教育的宗旨的。因此，我们常听到的一些教育口号并没能把握到教育的本质，诸如学习一技之长、增强能力、塑造个性、创造一个共同的文化意识等。教育不能没有虔敬之心，否则最多只是一种劝学的态度，对终极价值和绝对真理的虔敬是一切教育的本质。缺少对绝对的热情，人就不能生存，或者人就

---

① 叶澜，白益民，王枬，等. 教师角色与教师发展新探 [M]. 北京：教育科学出版社，2001.
② 教育部师范教育司. 教师专业化的理论与实践（修订版）[M]. 北京：人民教育出版社，2003.

活得不像一个人，一切就变得没有意义。[①] 只有当教师有坚定的教育信念，才有可能在任何困境中找到继续坚持的理由，找到生命前进的动力。在新课程改革的背景下，教师应该树立如下教育信念，"为幸福人生奠基，为自由社会培养人，为民主社会培养好公民"[②]。

教师的专业态度是指教师在个人教育信念的基础上所形成的对教育的评价和内在心理倾向。爱和使命感是教师专业态度的核心。有了充满爱的情怀，教师才能无条件地像父母爱自己的子女一样对待学生；有了教书育人的使命感，教师才会满腔热情地献身于教育事业。

教师的职业道德是对教师在教育活动过程中的道德要求。北京师范大学教育学部教授檀传宝认为，教师的使命感比教师的专业技能更重要。在他看来，对于教师的培训来说，应当加强的不是技能性的课程，而是伦理性课程。[③] 我们必须有一种强烈的意识，即教师教育应当成为具有强烈道德意识的知识领域，教师伦理应当成为教育技能课程设计的基础和前提。

2. 专业能力

教师专业能力是指作为专业技术人员的教师在从事教育教学活动中能利用教育理性和教育经验，灵活地应对教育情境，做出敏捷的教育行为反应，以促使学生全面、主动、活泼地发展所必需的技能。

从横向看，教师专业能力应包括教育能力（主要体现在教师对学生个体主体性的张扬、激发、提升过程，反映教育工作的价值所在）和教学能力（在对学生理智的开发、锻造中教师所必需的能力）。

从纵向看，教师专业能力应包括前专业能力、专业意识、角色调适能力。前专业能力是指新教师在入职前，即非专业学习阶段中潜意识地形成的、能积极影响教育教学的一般能力，如语言能力、交往能力等，它是教师专业能力萌生的基础。专业意识是教师在对教学现状的感知、教学效果的体验及教学水平差距的敏锐察觉的基础上形成的专业意识。教师专业调适能力是教师通过外向探求、内向重构，促使新能力发展、成熟、深化、优化，以实现教师专业能力动态扩展、角色调适的能力，表现为专业监控能力、更新能力的提高。[④]

在教师的专业素养结构中，专业精神是灵魂和内在动力，专业知识是基础，专业能力是教师专业知识和专业精神的外化。

① 雅斯贝尔斯.什么是教育 [M].邹进，译.北京：生活·读书·新知三联书店，1991.
② 肖川.教育：基于信念的事业 [J].湖南师范大学教育科学学报，2015，14（1）：7.
③ 檀传宝.论教师"职业道德"向"专业道德"的观念转移 [J].教育研究，2005，26（1）：4.
④ 郝林晓，折延东.教师专业能力结构及其成长模式探析 [J].教育理论与实践，2004（14）：30-33.

（二）特点

教师专业发展的特点主要包括以下七个方面。

1. 独特性

每个人都是独一无二的个体，每个教师都有自己的教育观念、情感倾向、认知风格和心理素质等，所以，教师专业发展具有明显的个人特征，具有独特性。这种独特性表现在专业发展的速度、程度以及发展的途径、方式和内容等方面。在教师专业发展的过程中，一些教师这方面发展得好，一些教师那方面发展得不错；一些教师发展得快，一些教师发展得慢；一些教师喜欢通过这种方式来提升自己，一些教师则习惯通过那种方式发展自身。每个教师在专业成长过程中受教学环境、知识经验、个性特点等多方面因素的影响，会形成独具个人特色的知识观、学生观、教学观以及教学风格。

2. 自主性

所谓自主，即自觉、主动地做事，即自己做主。教师专业发展的自主性主要表现在以下两个方面。

一是发展的动力是内在的而非外在的，是"我要发展"而不是"要我发展"。教师能不能发展，通过什么途径发展，在哪些方面获得发展以及发展到什么程度等，最终都取决于教师自身。如果教师缺乏内在的需求、情感和意志，就难以产生发展的动力。

二是教师凭借自主发展的意识可以增强对自己专业发展的责任感，不断寻求自我发展的机会，逐渐获得自我发展的能力，从而进行富有创造性的教育教学实践。

3. 阶段性

教师专业发展过程具有明显的阶段性，教师在不同的发展阶段会呈现不同的发展动机、需求、水平和结果。教师专业发展过程的各个阶段不是彼此孤立、互不联系的，而是相互衔接且螺旋上升的。

4. 开放性

教师持续发展的开放性是指其无限的延伸性和拓展性。它要求教师能够突破外在的有限条件，根据自己的需要灵活地进行选择、把握，使教师的教育方式立体化与多元化。在这个自成一体的世界里，无论是在政治、艺术、公民生活还是在成人教育中，都会遇到因人、因物造成的障碍；教师只有在跳出与外界隔绝的小圈子，与广阔的外部世界发生联系的情况下，才会获得智慧，获得对人和客观事物的认识。

现如今，很多教师在不断提升自身创造力。他们的每一天，在培养学生创造力的同时，也在创造着自身的生命，挖掘着自身的潜力。在教师职业生涯中，只有用创造的态度去对待工作，才能在完整意义上懂得工作的意义和享受工作的欢乐。随着教育不断社会化，社会不断教育化，教师不仅应主动走向社会，而且应采用多种方式，充分利用社会各种教育资源，丰富和充实自己，以更好地施教于学生。

5. 情境性

教师专业发展必须密切联系教学实践和教育情境，因为教师对专业知识的理解离不开对教育教学活动的感悟，增强专业技能与在教育教学实践中的历练也是分不开的，专业信念的巩固更是与教育教学情境的陶冶分不开。教师对教育教学问题的识别，对能够做什么及需要怎么做等问题的判断，皆受制于特定的情境。教师专业发展是教师与工作情境互动的过程。教育情境具有不确定性，也富有挑战性，教师需要通过观察和反思复杂教育情境中各要素及其动态的关系，不断学习、迁移、重组、传承和转化知识，才能获得发展。

6. 连续性

教师的持续发展应以终身教育的理念来构建，因为发展无处不在，无时不有。教师应终生致力于自身的发展，不断更新自己的观念，努力拓展自我，以便使自己在教育改革的前进浪潮中，更好地实现自我的发展。教师持续发展能使教师得到持续的"充电"。教师职业的特性就是要不断更新自己的知识体系、思想观念，其内在的特定需要是发展。没有发展，教师就会被淘汰。

教师职业的专门化是一种认识，更是一个奋斗过程；是一种职业资格的认定，更是终身学习、不断更新的自觉追求。因此，教师专业发展应当是一个持续的过程，而不是职前、入职与在职教育相分离的活动。21世纪的教师教育改革将以一种连续和一体化的观点看待这一过程，注重职前和在职教育的衔接和过渡，加强各个机构间的合作，从教师成长的整个历程来推动教师教育的改革。

7. 终身性

教师专业发展是一个长期的、贯穿教师终身的持续发展过程。这主要表现在以下两个方面。

一是生命个体的不确定性和生成性决定了教师专业发展具有终身性的特点。

教师自身处于不断发展的过程中，教师的成熟只是相对的，发展才是绝对的，教师专业发展贯穿教师职业生涯的始终。生命不止，发展不息。

二是知识的不确定性和高更迭性决定了教师专业发展具有终身性的特点。知识日新月异、教学环境瞬息万变，教师只有不断对自身的观念进行更新，树立终身学习的理念，拓展自身的知识面，完善自身的知识结构，磨砺自身的思想品格，沉淀人文底蕴，提升自身的专业素养，才能适应不断变革的社会对教师职业的要求。

二、大学英语教师专业发展的相关知识

（一）内涵

在我国，英语是作为外语进行教学的，因此，我国大学英语教师的专业发展具有特殊的内容。北京外国语大学中国外语教育研究中心教授戴曼纯、张希春指出，大学英语教师应具备扎实的基本功、良好的教学效果、较强的科研能力和外向的性格等。[①] 上海外国语大学博士生导师束定芳认为，我们应关注教师专业发展研究，理想的外语教师应该符合以下要求：①优秀的人品；②扎实的外语基本功；③良好的研究能力；④广博的知识；⑤较强的课堂组织能力以及沟通能力；⑥敬业精神。[②] 中山大学外国应用语言学（英语教育）专业教授夏纪梅也提出，教师是培养人才的人才，外语教学兼具技术性和艺术性。外语教师应该具备两种能力：①自我发展的能力；②助人自我发展的能力。

英语专家吴一安教授对我国 36 所高校 213 名优秀英语教师进行了问卷调查和部分访谈，首次在大规模实证研究的基础上提出了我国大学英语教师应具备的专业素质框架及其内涵，为广大教师的专业发展提供了导向性参照，也弥补了国内同类研究对高校英语教师发展内涵的理想式或理论式构建的缺陷[③]。他认为，优秀的大学英语教师应具备：①外语学科教学能力，包括学科知识和技能及课堂教学能力；②外语教师职业观与职业道德；③外语教学观；④教学学习与发展观。大学英语教师专业发展内涵是一个多维度的概念，涵盖教师知识、能力、技能、中介变量（个性、价值观、信念、动机等）和行为。因此，我们把中国大学英语教师发展所必需的职业素养归纳为以下四个方面。

第一，职业道德和专业认同感。职业观和职业道德是构成优秀英语教师专业

① 王威威.网络环境下高校英语教师专业素质发展研究 [J].教育探索，2016（8）：114-117.
② 喻巧玲.大学英语教师专业发展研究 [J].高等财经教育研究，2013，16（2）：64-69.
③ 陈丽萍.大学英语教师信念实证调查与研究 [J].西南石油大学学报（社会科学版），2011，13（2）：121-126.

素质框架的重要维度，是大学英语教师专业发展的重要内因之一。教师只有真心热爱教学，喜爱学生，具有高度的责任心和敬业精神，才会想方设法成为一名优秀教师，努力传授学生今后工作中实用或赖以生存和发展的知识，促成学生的全面发展。相反，缺乏责任心的教师在工作中的低投入必然导致对教学的疏忽，也是导致教学效果不甚理想的原因之一。

强烈的职业道德会促使教师不断提高自身英语水平和授课技巧，尽可能创造学生学习机会最大化的条件。课外，教师也会努力扩大自己的知识面，寻找各种形式的补充材料，以弥补教材的不足，激发学生的兴趣。教师会因课堂的不足和对自身的不满，不断地反思实践，积极寻找解决办法。因此，教师对职业的热爱、对学生的关心和尊重、对工作认真负责的态度，都是教师持续进步和发展的原动力。当教师所从事的教育工作成为自己生命的重要组成部分，当外语教师完全驾驭了推动其发展的外部积极因素，摆脱了消极因素的束缚，外语教育和教学就不再仅仅是职责，而是一种享受和快乐。[①]

教师不仅应该具备爱岗敬业、热爱学生的职业道德，还应树立正确的专业认同感和专业发展意识。发展并维持一种强烈的职业认同感是评判教师的专业性和把他们与其他工作者区分开来的重要依据。专业认同是教师生活和工作的行为准则，它为教师的行动、理解自己的工作和在社会中的位置提供了参照。专业认同有助于教师对自身的定位加以明确，以专业身份的标准来自我要求、自我管理、自我约束和自我规划。一旦教师树立了发展的意识和专业的认同感，就会将自己视为专业发展的主体，不断谋求自身发展的动力和途径。他不会满足于现有的知识储备和教学水平，更不会安于现状、墨守成规、故步自封，而会以发展的眼光审视变化的教学环境、教学目标、教学对象和教学内容，在实践中不断更新理念，提升教学和科研水平，把大学英语教学和研究当作实现个人理想的终身事业。反过来讲，如果教师不具备对职业的专业认同感，就会迷失职业生涯的目标，缺乏发展的动力，投入工作的热情明显不足。专业认同必然影响教师的专业效能、专业发展及应对教育改革并在实践中实施改革的能力和意愿，是制约教师专业发展的内在最根本的原因，影响工作满意度、职业倦怠水平。[②]因此，专业认同感决定教师自身的角色定位及在此价值定位下的教学行为，对个人发展具有深远的影响。

---

① 李燕.基于教师发展理论的高校青年教师教学能力提升策略探索 [J].中国成人教育，2016（4）：142-144.
② 王艳.从学习型组织的视角谈建构大学英语教师的专业认同 [J].现代大学教育，2013（3）：102-107.

第二，人品修养和个性特征。教师除了传道、授业、解惑之外，更重要的是育人。教师只有加强自身的人品修养，才能以身作则、严于律己、为人师表，才能熏陶和感染学生，获得学生的热爱和尊重，从而能够对他们的思想和行为产生正面和积极的影响。良好的个性特征也是英语教师专业发展的重要内涵之一。不同于其他课程，语言教学需要师生间频繁进行思想与语言的交流，需要师生的互动参与才能达到良好的效果。教师在教学过程中使用开朗活泼的授课方式可以活跃课堂气氛，激发学生兴趣，增加课堂互动。可想而知，一个平等民主、轻松和谐的快乐课堂不仅能够促进知识的成功传授，而且能够增进师生间的感情。同时，教师的激励、宽容和创新精神也能给大学英语教学带来积极的影响。在教学实践中，只有具备激励人格的教师才能给予学生更多肯定的评价，通过鼓励和支持学生调动他们的语言学习动机，帮助他们树立学好一门外语的信心。只有具备宽容人格的教师才能真正理解学生的学习或生活情况，包容、理解和原谅学生的不足、缺点甚至错误，给予学生更多自主成长的空间。只有具有创新人格的教师才能在课堂实践中运用创新思维，开发新的课堂模式，使师生互动更加灵活多样。

因此，大学英语教师应不遗余力地提高自己在人品修养和个性特征上的综合素质，充分发挥独特的个人魅力，激发学生的学习兴趣和主观能动性，引领学生徜徉在知识的海洋中。

第三，学科知识和实践能力。中山大学外国应用语言学（英语教育）专业教授夏纪梅认为，外语教育不等同于语言学，也不完全是教育学，而应单独构建为"教育语言学"或"语言教育学"，是介乎语言学和教育学之间的交叉学科，是关于语言的教育的学科。因此，鉴于学科的特殊性，英语教学在本质上不光需要解决"教什么"，还需要解决"如何教"的问题。

中国外语教育研究中心教授周燕在调研的基础上提出，一名优秀英语教师的知识结构应该包含先进的教育理念、科学研究的方法、对语言和语言学基本理念的理解、对学习者和学习过程的认识、对教材的分析和把握能力、语言技能教学能力[1]。但如此分类过于细化，同时一些知识上的分类在概念上也存在重复现象，容易造成混淆。吴一安认为，外语教学过程是外语教师根据学生需求不断寻求个人技术性知识和实践性知识达到最佳契合的过程[2]。在这里，我们把教师应具备的专业知识和能力简化为学科知识和实践能力两大类。

英语教师的学科知识包括语言学、认知学、心理学、教育学、社会学等多种

① 罗水才.新形势下英语教师素养的自我提高 [J].考试周刊，2015（71）：14.
② 吴一安.外语教师专业发展探究 [J].外语研究，2008（3）：29-38.

学科知识，是英语教师在学习生活、专业教育、教学实践中逐渐形成的关于英语、英语学习和英语教学的知识。它们构成了教师潜在的语言观、语言学习观和语言教学观，影响着教师具体的教学行为，决定了是否可以顺利地进行大学英语教学。在具体教学方面，英语教师关于英语的学科知识影响着教师对语言理论、语言教学、课程设置及对教学内容、教学重点、师生角色、课堂活动、教学资源使用等的理解。针对我国英语教学的特殊性，上海外国语大学博士生导师束定芳指出，我国英语教师的学科知识旨在解决英语教学的核心问题：语言的本质，语言学习的特点，外语学习与母语学习的本质区别，影响中国人外语学习的重要因素。

这里需要特别指出的是英语教师的英语水平或语言基本功，包括语音语调、语法知识、听说读写能力等。众所周知，中国大部分的英语教师都是"非英语母语者"，所以英语教师首先面临的是英语语言能力。教师的自信与他的语言能力最为相关。然而，目前英语教师的语言基本功问题较大，总体上在中低层次徘徊，而且还呈下滑态势。[①] 重研究、重文章、重学位、重职称、重名号、轻语言基本功、轻语言实践能力，已经成为英语师资队伍建设的常态。[②] 甚至，国内一些英语教师在课堂上从头到尾都用中文授课。可想而知，他们不仅不能为学生创造良好的学习环境，而且可能误导学生，让他们以为学习英语就是背单词及应付各类考试。如果一位教师英语语言能力不过关，他如何称得上是一名专业人士？同时，英语教师在专业教育和长期英语学习过程中所积累的对英语和英语学习的认知和经验也是非常宝贵的学科知识，体现为教学方法的应用，也有利于了解中国人学习英语的特点、过程及挑战，从而更好地指导教学。

除了学科知识，教师必须同时具备较强的课堂实践能力。教师的实践能力包括如何有效利用教学策略和教学资源；如何根据教育部的教学目标、课程大纲以及学校的评价机制来制订教学计划；如何根据学生不同的发展特点、学习风格和学习需求等调整教学内容；如何安排教学活动；以及如何帮助学生掌握语言技巧和学习策略等。人们通常把学习英语与学习钢琴、游泳相提并论，技能的获得必须经过大量的实战演练。

因此，英语课堂特别需要教师具有较强的活动组织能力和课堂管理能力，从而营造和睦的课堂环境，激发学生兴趣，鼓励学生冒险，创造尽可能多的机会促进师生互动、生生互动，帮助学生在实际的交流互动中更好地学习和应用英语。

---

① 沈乐琼. 浅谈解决英语教师语言基本功薄弱问题的一些方法 [J]. 现代职业教育，2016（19）：132-133.
② 刘春利，杨雅静. 广西高校英美文学慕课网络自主学习平台的研究 [J]. 广西教育，2016（27）：110-112.

可见，理想的英语课堂模式对教师的教学能力、方法和技巧提出了较高的要求。教师是一个具备所教授的相关学科知识和教育学理论基础的实践者，更是一个在自己的教学情境中，解决即时性、情境性问题的教育"艺术家"。①

第四，学习反思和研究能力。教师的学科知识和实践能力并不是一蹴而就的，需要毕生学习，不断积累。教科书里包含的那点科学基础知识应当只是教师知识海洋中的沧海一粟。只有当教师的知识视野比学校教学大纲还宽广得无可比拟的时候，教师才能成为教育过程中的能手、艺术家和诗人。② 教师的知识视野不在于工龄的长短，而完全取决于其是否在不断学习中持续进步。如今，网络的普及使得知识的更新和传播变得非常便捷，处于信息时代的教师更应意识到终身学习的必要性和重要性，"活到老，学到老"，不断更新知识，与时俱进。

教师在不断学习、扩充学科知识的同时，也必须时刻注意在教学中不断提高自己的实践能力。英语教师的成长和发展是在教学实践中发现问题、分析问题、解决问题的循环往复的过程。将教师学习置于教学实践中是促进教师发展的有效途径。教学是一个包罗万象的极其复杂的过程，教师面临不同的教学目标和教学对象，受到时间、环境、教学大纲和教材的约束，也受到个人知识、能力和性格的影响。

因此，任何一种教学或教学方法的理论都难免沦为"乌托邦式"的美好，或者在具体实践中困难重重，甚至根本无法顺利展开。聚焦课堂是提高教学质量的核心，而反思是教师对其教学行为和专业发展过程的一种内省式的自我研究，教师通过反思提高自己的自我意识，调控自己的教学行为，观察、比较、分析和评估自己教学的全过程，从而促进自身的职业发展。

然而，反思不能停留在经验总结的层面上，不能只是简单地在脑海中想一想或记录教学日记。毕竟，教师个人的经验比较有限，看待问题、解决问题也受到个人视野、知识和能力的局限，容易流于主观，并形成思维定式和个人偏见。教师对教学实践的反思必须从经验总结升华到问题研究。教学研究是更高层次的反思活动。教学研究者用其所掌握的理论、知识与方法，研究自己教学中的行为和遇到的问题，并不断形成或修正自己独到、有效的教学专业知识。③ 教师能够通过课堂研究，收集和分析相关数据，学会批判性地评价前人的研究。教师将语言

---

① 刘佳. 从复杂理论看教育学的多元化学科立场 [J]. 内蒙古师范大学学报（教育科学版），2006（7）：19-21.
② 余红. 现代职业教育要求教师具备的五种素质 [J]. 江西教育，2010（15）：17-18.
③ 黄忠东. 问题教学法在组织行为学课程教学中的应用研究 [J]. 黑龙江高教研究，2010（12）：173-175.

学、心理学、教育学等理论知识运用到教学实际中去"是在一个动态过程中不断进行调整和提高的能力，这一能力就是教师作为研究者的意义所在"[①]。教学与研究的关系是相辅相成和相依相益的关系，科研为了教学、来自教学、结合教学、造福教学，是两者互利双赢的过程与结果，也应成为教师职业成就感的来源。

因此，每位英语教师都应树立学习、反思和研究的意识，从感性的教书匠进化为理性的教学研究者，不断学习和吸收各类学科知识、教学理论，跳出思维定式的桎梏，突破自身经验的局限，建构理论指导下的成熟完善的教学理念和教学体系。

另外，目前我国的英语教学理论研究仍然以对国外同类研究的引进、消化和应用为主，因此要找到和创建适合中国学生特点的本土化的教学理论和教学方法，需要广大英语教师孜孜不倦地学习、反思和研究。

教师专业发展是一个重要的教育话题，尤其对于英语教师这样需要不断更新知识和专业技能的职业来说更是如此。在这个快速变化的时代，教师需要保持与时俱进，并不断提升自己的专业素养和能力，以适应教学环境的变化和学生需求的变化。

首先，教师专业发展需要系统接受在职教育和培训。这包括参加教育机构或专业组织提供的培训课程和研讨会，通过学习和研究最新的教学理论和实践，更新自己的教学知识和技能。此外，教师还可以通过参与研究项目、撰写教育论文等方式不断深化自己的专业水平。

其次，教师专业发展需要自主规划方向和积极行动。教师应该根据自己的兴趣和职业目标，制订个人的发展计划，明确需要提升的方面，并制订相应的学习和实践计划。例如，英语教师可以选择参加英语教学法的培训课程，学习其他教师的教学案例等，以提高自己的教学能力和教育理念。

最后，教师专业发展也需要与他人共同合作和互相学习。教师可以与同事和学生进行交流和合作，分享教学经验和教育资源，互相促进和学习。同时，教师还可以参与教育研究团队或专业组织，与其他教师和专家进行跨校、跨领域的交流和合作，共同推动教育领域的发展和创新。

（二）要求

1. 应坚持"以学生为本"

大学英语教师专业发展的一个基本精神就是"以学生为中心"。在教学中，

[①]　刘虹.探析教育心理学理论在大学英语教学中的实践运用[J].教育教学论坛，2014（44）：179-181.

教师首先应该热爱学生，只有真心地对待学生，才能给学生带来素质与能力的提升。"以人为本"的精神在教师的教学中体现得尤为明显，教师在促使学生获取知识、提升自身能力、培养自身情操层面所取得的成绩是评价教师是否专业的标准。教师基本的职业道德要求就是热爱学生，教师应该从关心与爱护学生出发，对教学工作与日常的班级管理工作加以关注。教师对待学生的态度会对学生的发展产生一定的作用。因此，对于教师而言，促进学生的全面发展显得非常重要，也是工作的重中之重。

另外，学生在教育系统中有着非常重要的地位，学校的基本任务就是促进学生的素质与能力的提升。因此，教师应该将学生放在主体地位，真正地做到以学生为中心。

大学英语教师专业发展的动力在于学生学习目标与学生成绩之间的差距。因此，在大学英语教师专业发展的过程中，不仅需要对教师予以关注，还需要以学生为本。

2. 应注重合作学习

教师与学生、同伴、家长之间的合作也有助于教师提升自身的专业素质与能力。

教师与学生合作，有助于提升教师的学业水平。在合作的过程中，师生之间创造和谐的学习氛围，可以让教师与学生在融洽的氛围中提升彼此的素质与能力。

大学英语教师专业发展的标准要求教师有不同的角色定位。他们不仅是学生的引导者，也是同学生合作的领导者，还是学校的贡献者。

3. 应学会终身学习

教师专业发展是一个长期的过程。因此，教师应该学会终身学习，不断为提升自身的素质与能力而行动，更好地与社会的发展相适应。

社会的迅速发展使知识也得到了迅猛发展。在教育中，教师是学习的指导者，也是知识的需求者。他们将自身的知识传授给学生，但是，在知识大爆炸的时代，教师仅仅依靠自身的一些专业知识与技能，已经很难完成当前的教学过程，因此需要接受继续教育，不断对自身的素质与能力进行发展。

具体来说，教师除了需要对自己的专业知识有清楚的把握，还需要对与自身学科相关的知识有所涉猎，尤其是现代教育技术手段。教师应该成为学生的榜样，在坚持终身学习的过程中传播学习理念，帮助学生培养良好的学习习惯。

（三）必要性

1. 教师成长为研究者的必要性

国务院印发的《统筹推进世界一流大学和一流学科建设总体方案》（以下简称《方案》）指出："遵循教师成长发展规律，以中青年教师和创新团队为重点，优化中青年教师成长发展、脱颖而出的制度环境，培育跨学科、跨领域的创新团队，增强人才队伍可持续发展能力。"这项建设任务体现了要为高校教师专业发展提供"制度环境"的支持，帮助教师成为拥有创新能力、跨学科、跨领域知识的专业人才。《方案》进一步提出了提升科学研究水平的建设任务，"以国家重大需求为导向，提升高水平科学研究能力，为经济社会发展和国家战略实施作出重要贡献"。高校科学研究水平的提高，归根结底在于教师科研水平的提高。该《方案》旨在鼓励高校教师成为"研究者"，为教师向研究者身份的发展指明了方向。

因此，在当代教育发展中，教师仅仅成为一个"教学实践者"已不能适应新时代的要求，教师成长为"研究者"才是教师专业发展的一种必然趋势。早在1979年，联合国教科文组织就指出："从教师在教育体系中的作用来看，教师与研究人员的职责趋向一致。"教师如何实现专业化，已成为一个时代的问题。让教师成为研究者无疑是回答这个问题的最震撼人心的一种声音。

2. 教师知识是教师专业发展的重要内容

随着我国教育现代化和信息化的推进，教育部颁布了《教育信息化2.0行动计划》（以下简称《计划》）。《计划》指出："教师信息技术应用能力基本具备，但信息化教学创新能力尚显不足，信息技术与学科教学深度融合不够，高端研究和实践人才依然短缺。"因此，在外语教育信息化进程中，高校英语教师要与时俱进，努力强化信息技术知识和提升信息化教学创新能力，以实现专业发展。

大学英语教师专业发展不仅需要技术知识作为支撑，更应该注重实践性知识和专业知识的发展。教师实践性知识是教师专业发展的主要知识基础，而专业知识是高校外语教师专业发展的必要因素。教育部颁布的《大学英语教学指南（2020版）》提出了开设专门用途英语课程（学术英语和职业英语）的建议。这对高校英语教师的专业知识提出了更高的要求。所以，在从通用英语教师转型为专业英语教师的过程中，专业知识对高校英语教师的专业发展至关重要。

大学英语教师成长为研究者是其专业发展的重要途径，而教师知识是其专业发展的必要条件。在教育改革常态化的背景下，每一次改革都会对教师提出一些符合变革特征的"标准"。但是，在改革实施中，教师外在的角色规定和内在的身份认同之间总是存在着矛盾和冲突。改革设定的理想角色（如教师成为研究者、反思性实践者等）只是为教师的专业发展提供了一个标准性形象，还需要得到教师的认可。[①]因此，只有实现从外在的"角色规定"到内在的"身份认同"的转变，才能积极有效地发挥教师能动性，真正实现高校英语教师的专业发展。

第二节　大学英语教师专业发展的要素

　　教师专业发展是当前我国教师教育的一项重要而紧迫的任务。英语教师专业发展的影响因素，包括专业理念、专业能力、专业发展意识，这些是教师专业发展的原动力。

一、专业理念

　　教师的教育教学行为是一种基于理念的行为，受到教师的教育教学价值观的支配。教师专业理念的发展是指教师在职业生涯中不断适应教育的需要，更新教育观念，树立正确的人才观、课程观、学生观、教师观，这是一个持续不断的过程。大学英语教师专业理念的发展是一个多方面、多层次的过程。在这个过程中，教师需要反思自己的教育实践，深入思考教育的本质和目标，以及自己在教育中的角色和责任。这需要教师具备自我反思、探究和解决问题的能力，不断提高自己的专业素养和教育教学水平。

　　教师需要树立正确的人才观，认识到每个学生都是独特的个体，具有自己的兴趣、爱好、特长和学习需求。教师应该关注学生的全面发展，注重培养学生的创新精神和实践能力，帮助他们成为有理想、有道德、有文化、有纪律的社会主义建设者和接班人。

　　教师需要树立正确的课程观，认识到课程是学生的体验和经历，而非单纯的知识传授的过程。教师应该关注课程的综合性、探究性和实践性，注重培养学生的思维能力和解决问题的能力。同时，教师也需要关注课程资源的开发和利用，积极开发适合学生特点的课程。

　　教师需要树立正确的学生观，认识到学生在教育中的主体地位，尊重学生的个性差异和人格尊严。教师应该关注学生的情感和心理需求，注重培养学生的自我认知和自我管理能力，帮助他们成为自主、自信、自律的人。

---

① 李茂森.教师专业身份认同的理性思考 [J].教育学术月刊，2008（7）：64-66.

教师需要树立正确的教师观，认识到自己在教育中的主导地位，承担起教书育人的责任。教师应该注重自身的专业发展和职业素养的提高，不断学习和掌握新的教育理念和方法，为学生提供优质的教育服务。

二、专业能力

大学英语教师专业能力可以概括为四大维度，即综合语言运用能力、英语语言教学能力、认知与学习能力和专业发展能力，各维度相互独立又相互影响，共同形成一个相互支撑的整体。

（一）综合语言运用能力

作为英语非母语的英语教师，综合语言运用能力是非常重要的基础能力，其中具体包括口语表达能力、听力理解能力、阅读理解能力和写作能力等。综合语言运用能力可以帮助教师更好地理解和运用英语语言，同时也能够有效地进行英语教学。

首先，口语表达能力对于英语教师来说至关重要。教师需要能够流利并准确地使用英语进行口头交流，包括解释课程内容、回答学生的问题、进行教学活动和与同事进行交流等。通过良好的口语表达能力，教师可以更好地与学生进行互动和交流，改善教学效果。

其次，听力理解能力也是英语教师必备的能力之一。教师需要能够准确地听懂学生的发言、学习材料的录音和其他教师的讲解等。只有具备良好的听力理解能力，教师才能够全面理解学生的需求和问题，及时给予指导和帮助。

再次，阅读理解能力对于英语教师来说也非常重要。教师需要能够理解和分析教材、教辅资料和学生作品等。具备了良好的阅读理解能力，教师可以更好地准备教学内容，提供丰富的教学资源，同时也能够辅导学生进行阅读理解和写作等活动。

最后，写作能力是英语教师必不可少的能力之一。教师需要能够准确地书写教材、教案和评价学生的作品等。良好的写作能力可以帮助教师更清晰地表达自己的想法和观点，更有效地指导学生进行英语写作训练。

（二）英语语言教学能力

英语语言教学能力是大学英语教师专业能力的核心要素之一。它要求教师对语言教学理念、方法、知识和行为有一定的认识，并能够将这些理念和知识转化为具体的教学设计、实施和评价能力。

首先，教师需要有清晰明确的语言教学理念。教师的语言教学理念是对于如何教授和学习英语的观点和信念。这些理念可以包括语言习得理论、语言教学目标和对教学方法的看法等。教师需要了解不同教学理念的优缺点，并能够根据实际情况选择适宜的教学理念。

其次，教师需要掌握多样化的语言教学方法。不同学生有不同的学习风格和需求，教师应灵活运用多种教学方法，以满足学生的学习需求。教师需要了解和熟悉各种教学方法，如交际法、任务型教学法、自主学习法等，并能够根据学生的特点和教学目标选择合适的教学方法进行教学。

再次，教师还需要具备丰富的语言教学知识。这包括对语音、语法、词汇、听力、口语、阅读和写作等方面的深入了解和掌握。教师需要熟悉英语的结构和规则，并能够将这些知识有机地融入教学中，帮助学生有效地学习和掌握英语。

最后，教师需要具备有效的教学设计、实施和评价能力。教师需要根据学生的学习需求和教学目标，设计合理、系统的教学计划和教学活动。在教学过程中，教师需要能够调动学生的积极性，有效地引导和激励学生的学习兴趣和能力。在教学结束后，教师还需要进行教学反思和评价，以提升自己的教学能力。

（三）认知与学习能力

认知与学习能力包含两层意思：一是英语教师学习语言的能力，用以掌握并发展英语语言知识与语言技能；二是在自身语言学习的过程中摸索语言学习规律，在观摩、实践中体验语言学习过程，探究语言教学的规律和方法，关注语言教学本质，提炼语言学习原理，形成自己的语言学习观和语言教学观。这种能力从英语教师开始学习语言直至实际进行语言教学，影响并制约着英语教师的发展。

（四）专业发展能力

专业发展能力是教师跳出经验和现状，走出自我，融入职业群体，形成学习共同体，共同探究语言教学真谛的能力。专业发展能力重要的一点是教师应明白任何一门课程的开设与实施，不论是自上而下还是自下而上，都离不开教育行政部门、教师群体与学生群体。教师可通过参与群体活动，对所见所闻做出反思，以构建的方式看待并理解自己（他人）以及自己（他人）的教学，通过参与构建积极向上的教师群体文化，形成多方参与的教学与研究平台，进而实现教师专业发展。

大学英语教师专业能力结构包含了教师自身学习语言、学习教学的能力，在实践中形成语言教学能力、教学实践与实施能力，以及教学反思与研究能力。其中，教师语言教学能力以语言教学知识为基础，是教师语言教学知识的运用与外化。教师这些能力的建立以教师的语言观、教学观和对职业的发展观为基础，以动态的方式根据不同阶段的情境与需要逐步发展。

三、专业发展意识

英语教师专业发展意识是指英语教师在教师专业化的要求下，对自身专业发展过程、目前专业发展状态以及未来专业发展规划的系统化和理论化认识。它是建立在教师自我认知、职业认同程度和成就动机基础上的综合反映，具有导向、激励、规划和监督教师成长发展的作用。

长期以来，不少英语教师自身的专业发展被忽视，许多教师失去了专业发展的愿望和动力。青年教师由于教学时间短、教学经验不足以及缺乏参与重大课题研究的机会，会厌倦重复的教学工作，常常表现为自我专业发展意识比较薄弱。加强教师自我专业发展意识的培养，对促进他们的成长与发展至关重要。

（一）学习专业发展理论的意识

英语教师专业发展理论是促进教师专业发展的依据，启发着教师自身的专业发展。教师通过学习教师专业发展阶段理论，可提高教师专业发展意识与能力，了解目前的发展阶段，并在此基础上确立具体的成长目标，制订出具体可行的操作方案。具有自我专业发展意识的教师，能自觉承担专业发展的主要责任，达到专业发展的目的。他们随时关注自己的专业发展，自觉地利用、创造条件以便更新自己的内在专业结构，提升专业水平。

（二）专业理想意识

大学英语教师的专业理想是指教师对成为一个成熟的教育教学专业工作者的向往和追求。它是教师专业发展的重要动力，为教师提供了奋斗目标和方向。教师的专业理想体现了对专业的热爱和执着追求，同时也反映了教师工作的积极性和专业动机的发展。教师的专业理想激励教师不断提高自己的专业素养、教育教学水平和专业能力，以更好地服务学生和教育事业。

教师的专业发展离不开学校领导的指导和支持，学校应该帮助教师确立专业理想，并提供培训、资源和良好的教育环境，以推动教师的个人发展和整体教育水平的提升。只有建立起良好的教师发展体系，并注重和支持教师专业发展的长期规划，才能激发教师的热情，使他们能够充分发挥自身的潜力，为教育事业做出更大的贡献。

（三）反思科研意识

美国心理学家波斯纳（Posner）指出，教师成长＝经验＋反思。仅仅满足于经验增长而不反思经验的教师，不会有本质的进步。反思能力大大影响着教师的专业发展。只有当教师认识到自己专业发展的优势和不足时，才能做出合理的发展规划并逐步提升自己的专业水平。通过记录专业发展中的关键事件，与自我专业发展保持对话，并对未来的发展规划做出适当的调整，教师在专业化发展的过程中必有大成。

大学英语教师是否具有科学研究的意识决定了教师能否积极投身于教育科研活动。科研意识是教师从事教育科研工作的前提。教师要在思想上重视教育科学研究；在理论上加强教育学、心理学的学习，获得教育科学研究的理论指导；在实践上从科研意识的外延入手，通过对问题意识、思考意识、创新意识的培养，达到提高科研意识的目的。

第三节　大学英语教师专业发展的模式

一、发展提高模式

（一）教学实践模式

教学实践模式着重于将教师的发展，定位于日常的课堂教学情境中，进一步将教师的发展与课堂实践紧密联系起来。在这一模式下，大学英语教师应将发展的重心放在课堂中，关注自身在课堂中的作用以及与学生的合作，将课堂实践作为推动个人发展的关键力量。

这一模式在实施中所遵循的基本观点包括以下四点。

①以师生共同提高为核心。英语教师和学生一样，都要进行不断学习，促进学生学习的同时也促进了英语教师自身的发展。

②支持教师具备决策权和影响力的角色。无论外部因素如何，大学英语教师在课堂上发挥的重要作用都无法削减，他们能够直接影响课堂效果的好坏，对学生学习成绩的提高至关重要。

③将复杂多变的课堂教学作为发展场景。课堂成为大学英语教师与学生共同构建的文化场所，在对话式的教育情境中，英语教师与学生在课堂中获得沟通与理解。

④强调个人、教育和社会的结合。大学英语教师通过课堂这一微缩社会，不仅能够获得较为开阔的思路，而且能够将从课堂场景中获得的思路与整个社会的价值观相联系。

在具体实施时，这一模式需要强调以下三点。第一，应突出课堂教学对大学英语教师发展的重要性。大学英语教师个体应立足于英语课堂教学，把自身的发展根植于课堂实境，从中反思自己的教育实践、教育行为及教育效果。第二，注意以课堂为纽带形成协作的大学英语教师共同体。单独教学的英语教师并不意味着教学中的英语教师是孤军奋战的，大学英语教师相互间协助所形成的学习共同体也是大学英语教师专业发展的关键。第三，注意课堂中学生协助的有效性。教师不是"舞台"中的唯一主角，教学是教师与学生运用想象力来从事创造和分享的过程。在课堂中，大学英语教师帮助学生成长，并且在与学生思想、情感的交换和分享的过程中，吸收诸多独特新颖的东西，推动自身的发展。

对于专业化的大学英语教师来说，情境体验至关重要。他们应该注重深层次的情境性，在特定的情境中融入所要传递的知识，以便自身能够获得更好的学习和成长。建构主义主张教师在专业发展过程中，应将抽象的知识具体化、形象化，在具体的情境中体会、品味和理解所学习的知识。

在课堂教学中，英语教师应该充分认识到情境的重要性，并将自己融入其中，通过实践中的学习来提升自己。此外，他们还应该将学习过程与自己特定的生活情境相结合，并进行有针对性的学习。专业化的英语教师应该是出色的实践者，原因在于学习知识的目的是将知识加以运用并发挥其作用。他们应该深入体会知识与情境的关系，在现实情境中体验生活，从而能够更好地使知识的社会作用得以发挥，并实现自己的人生价值。情境体验应该成为英语教师专业发展的重要观念，并应该贯穿整个专业发展过程，从而能够进一步提高英语教师的素质。

（二）专业引领模式

在大学英语教师的专业发展过程中，纵向的引领和支援尤为重要。在课程发展变革的时期，教师需要具体指引、对话和协助，以帮助他们理解和应用新的教学理念。在实践中可以通过以下四种模式实现。

1. 建立专业发展团队

学校可以组建由具有丰富教学经验和研究成果的骨干教师和研究人员组成的专业发展团队。这个团队可以为教师提供专业的指导和支援，开展研讨会和教学培训活动，分享最新的教学方法和课程设计。

2. 设置导师制度

学校可以设置导师制度，将有经验的教师指派为新教师的导师，提供一对一的指导和支持。导师可以帮助新教师了解学校的教学理念和教学资源，分享自己的教学经验，并在课堂观摩和备课中提供建议和帮助。

3. 分享教学资源

学校可以建立一个专业资源平台，教师可以在上面分享自己的教案、教学设计和教学经验，其他教师可以从中借鉴，并且进行讨论和交流。

4. 组织教学交流会议

学校可以定期举办教学交流会议，让教师展示和分享自己的教学成果和经验。这样可以促进教师之间的互动和交流，激发创新和合作的动力。

专业引领人员扮演着教育研究和实践中非常重要的角色。他们既有深厚的学术研究背景，又有丰富的实践经验，能够为英语教师提供最前沿的理论、技术、方法。在大学英语教学中，专业引领人员可以通过不同的方式对教师进行引导。他们可以组织专题研讨会、工作坊或讲座，传授最新的教育理论和教学方法。他们也可以指导教师参与校本教研项目，通过共同研究提高教师的专业能力，同时也丰富了教育科研机构的研究成果。同时，专业引领人员还应该与教师建立起平等互动的伙伴关系，共同成长。他们应该倾听教师的需求和困惑，解答他们的疑问，并提供个性化的引导和支持。他们可以在课堂观摩、教学反思和指导性评价中提供反馈和建议，帮助教师不断提升自己的教学水平。

（1）专业引领的基本要求有三个方面

①对英语教师的专业引领，其目标应该明确、内容应该正确、方法应该适当。专业发展的总体目标是教师不断接受新知识、增强专业能力，以便在专业素质方面不断成长和追求成熟。然而，不同发展阶段和水平的英语教师的专业发展方向和水平存在差异。

因此，在引领大学英语教师专业发展的过程中，目标定位应考虑到各个教师的实际情况，引领内容需要有针对性，有利于提高教师的实际工作能力和水平，引导方法应具有灵活性和多样性，同时又要追求实效。

②不同类型的引领人员在英语教师的发展中扮演着不同的角色，他们各自的引领方式和重点也有所不同。科研专家、教研人员和第一线骨干教师的引领对英语教师的发展具有重要意义。科研专家的引领主要在于传递最新的教育教学科学理论知识，帮助英语教师了解最前沿的研究成果和教学方法，促进他们不断更新

自己的教育观念和教学策略。教研人员的引领则侧重于将教育教学理论与实践相结合，帮助英语教师将理论应用于实践，解决实际教学中的问题，并改进自己的教学方法和教材选择。第一线骨干教师的引领主要是通过具体实践操作的引导，帮助其他英语教师更好地开展教育教学实践活动。这些引领人员需要具备高素质和引领能力，既要有理论指导，又要有实际示范，同时还要参与教师学习和研讨的过程，对教师的教学实践进行评析并提供具体的指导方法和措施。在接受引领的过程中，大学英语教师要积极上进，确立学习和发展的意识，积极与引领人员合作，充分发挥自己的主观能动性，勇于学习和探索，不断努力提高自己的教育教学水平。只有不断深入钻研和实践，才能促进英语教师的专业发展。

③对英语教师的专业引领要到位而不越位。引领人员对英语教师无论是教育科学理论的引领，还是教育教学实践的引领，都要努力做到到位而不越位。"到位"就是给英语教师提供必要的帮助；"不越位"就是引领人员不能越俎代庖。在专业发展过程中，英语教师是发展的真正主体，专业引领人员无论怎么引领或指导，都不能也不应该代替教师的独立思考和实践活动。引领的最终目的是不引领。

所以，专业引领人员要立足于提高英语教师的教育教学理论水平与独立的教育教学和实践研究能力，要通过到位而不越位的引领，使之真正能够获得良好的专业发展。

（2）专业引领的操作方法有四个步骤

①构建教育教学理念。大学英语教师的教育教学理念不同，这会影响其在教学过程中采取的行为方式。在大学英语教师专业发展的过程中，引领人员可以通过多种形式帮助教师掌握和形成新的教育教学理念。以下是一些具体的形式。

一是讲座和学术专题报告。邀请专家学者或有经验的英语教育从业者举办讲座和专题报告，介绍最新的教育教学理念和研究成果。这可以帮助英语教师了解并掌握最前沿的教育教学思想。

二是专题理论研讨。组织英语教师进行专题理论研讨，深入研究和讨论某个具体的教育教学问题，促进教师对相关理论的理解和应用。

三是教学问题诊断和案例评析。对于教学中遇到的问题和案例，引领人员可以与教师一起分析和诊断问题的原因，并提出解决方法，帮助教师形成正确的教学思想。

四是教学专题座谈咨询。组织英语教师进行教学专题座谈会，讨论一些具体的教学问题，分享教学经验，互相学习和提高。

五是引导自学。鼓励英语教师进行自主学习，为他们提供相关的教育教学资源和参考书目，引导他们独立思考和深入研究。

②共拟教育教学方案。在大学英语教师专业发展的过程中，当教师形成了新的教育教学理念后，引领人员需要和他们一起探讨某个教育教学内容或现象，并共同制订教育教学方案。共同制订的教育教学方案应符合教育教学科学理论的要求。在共同制订教育教学方案的过程中，引领人员不仅应发挥引领的作用，还要指导英语教师在科学教育教学理论的指导下逐步形成具有自己特色和风格的教育教学设计，并使教师学会独立制订教育教学方案。

③指导教育教学实践。在教育教学方案制订好之后，引领人员与大学英语教师需要共同将制订好的教育教学方案直接应用于教学，并验证其可行性和有效性。在大学英语教师使用共同制订的教学方案进行教学实践时，引领人员要深入课堂观察、考察和记录教师的教学行为，并将其与制订的教学方案进行比较，找出差距。课后，引领人员与教师一起讨论修订方案，以有效改进教师的教学方法和行为。这样的反馈和修订过程能够帮助教师更好地理解和应用教育教学方案，进一步提高他们的教学质量和效果。通过与引领人员的密切合作，大学英语教师能够不断改进自己的教学方法和行为，以更好地促进学生的学习，改善教学效果。同样，引领人员也能通过与教师的合作，了解教师的实际需求和挑战，进一步完善教学方案，并不断提升自身的引领能力。

④引导反思教育教学行为。在大学英语教学中，教师在实施教学方案后，引领人员需要组织教师进行反思和评议。引领人员和教师首先要对自己的教学设计和行为进行自我反思，分析实际行为与教学方案是否不一致，找出问题的原因，并寻找解决方案。同时，引领人员还要引导其他参与教学实践的教师发表意见，指出教学设计和行为的优点和不足，并提出修改建议。在综合各方意见的基础上，引领人员进一步指导教师将反思意见融入新的教学行为中，弥补原有的课堂教学不足，使得反思能够转化为实际行动，创造充满活力的教学环境。专业引领是教师专业化发展的重要途径之一，也是学校教育科研持续发展的重要条件和保障。

专业引领的本质是将理论和经验引导应用于实践中，实现理论、经验与实践的互动与协调。通过专家的指导，大学英语教师能更好地将理论融入实践，减少盲目行动，提高实践效果，并将个人经验提升为理性操作。专业引领能有效提升英语教师研究水平，推动学校教育改革和内涵发展。通过专业引领人员先进的理念、思维方法和经验，引导英语教师展开教育实践和研究，促进他们的专业发展，提升他们的专业素养。

二、信息环境模式

如今，信息技术发展的主力是大数据技术，知识的产生、传播和实践都以崭新的式样在进行，教师在教学方面的成长也离不开大数据。

（一）大数据与英语教师专业发展

1. 大数据技术为教师提供丰富的学习与教学资源

大数据时代的发展给大学英语教师提供了一个大的资源库，大学英语教师不仅可以从中学到更多新的知识，还可以更新自己的资源库，而且这种方式没有时间和空间的限制，可以按照自身要求，随意挑选学习的内容和途径。大学英语教师自己也可以通过不同种类的博客，丰富自己的知识，同时通过百度、谷歌等搜索引擎来寻找更多相关教学资料。当然，通过网络等途径还可以看到或听到更多更为优秀的教师演讲和课堂报告，利用这种途径来实现资源共享，让教师之间通过相互学习与相互竞争来使自己变得更加优秀。另外，大学英语教师同样可以查询网络中的资源库和相应的英语教师讨论平台来相互沟通学习；各种网络资源的集合让教师有更好的学习环境，通过众多的网络教程可以迅速获得更多适合自己的教育教学资料。

2. 大数据技术有助于教师进行教学反思

大学英语教师反思是自省的过程，是让教师在教学过程中，以自身与整体的教学行为作为探索研究的主体，通过对自己的教学过程进行规划，自主地去计划教学、检查过程、评价改进教学方案等，后期再经过不断地调整与检查，然后再总结，最后完成整个教育教学。

除此之外，教师通过各种网络途径可以很好地记录自己的发展历程，并从中得到反思，进而去调整教学规划，让自己变得更加专业。

3. 大数据技术为英语教师的合作以及平等交流创造了机会

教育需要相互合作，单个教师的能量是远远不够的。在教学过程中，教师可能遇到各种各样的问题，甚至是极为复杂的问题。因此，教师需要相互交流与合作，才能解决相关的教育教学问题，从而让大家共同进步。在如今的大数据背景下，各个学校的教师可以相互交流，有同样喜好的教师之间通过网络途径，如电子邮件、网络博客以及论坛等，开展教学方面的交流，相互督促与学习，得到共同进步。大数据环境下的相互交流可以促进英语教师之间的协作，共同解决教学过程中的相关难题，互相合作，提高教师的学习兴趣，从而提高教师的教学素质。

23

4.校园培训网可最大限度地为英语教学服务

大数据技术在教学领域的广泛传播以及实践应用在如今起着非常大的作用。网络上的培训以及学习更加方便，大学英语教师的自主学习以及相关学习规划和方式方法也更加优良。各个学校需要有各自的培训网，教师可以在校园网上了解、学习更多优秀课程；在校园网播放专家的优秀讲座，可以让没有参加的教师随时研究。大学英语教师的相关教学培训需要充分利用网络，发挥网络以及培训体系的优势。新形势下的教学模式需要依托当代信息技术和大数据平台，但是目前好多教师却没有当代信息技术的相关知识体系以及教学技术。因此，现在迫切需要提高教师的现代教学技能。

（二）信息技术与英语教师专业发展

1.英语教师教育信息化体系

目前，我国各级学校基本已经有了教师教育信息化的雏形，利用校园网，通过腾讯 QQ 群、校园内部网络，建立三级教师教育信息化体系：学校—学科—学习小组。以学校为单位的校本培训相对独立，学校之间可以通过全国教师教育网络联盟或其他方式联合起来，开展教师教育活动；而在学校内部，以学科教学为单位组建相应的教师教育共同体，各学科单位之间可以相互交流。在学科单位内部建立紧密的伙伴关系，形成学习小组，他们联系最为紧密，经常在一起进行校本研讨，形成师徒关系。各类成员间的紧密关系，由紧到疏依次是：学习小组成员、学科单位成员、学校单位成员。理论研究、过程实施、校本共同体构成的三级体系从逻辑上体现了教师教育的过程，教师信息化教育过程也就自然从这三级体系中折射出来。但"信息化"特征需要落实在具体的手段、方法和联系方式上。

全国教师教育网络联盟是目前备受关注的一个教育机构。该联盟的目标是通过建立一个网络体系，以高水平大学、师范院校和其他举办教师教育的高等学校为办学主体，区域教师学习与资源中心为服务支撑，社会力量积极参与，并实现和优化职前职后教育的一体化。这个网络体系还实现了教师教育系统、卫星电视网和计算机互联网的融通，以及学校教育和现代远程教育的结合。

同时，该联盟还努力实现学历教育和非学历教育的沟通和协调，并共建共享高质量的教育资源。通过这种方式，该联盟致力于覆盖全国城乡范围内的教师教育网络体系，并为教师教育的创新、集成和跨越式发展提供服务和支持，从而不断提高教师的素质和提供终身学习的机会。

2. 信息技术与学科教学的整合

信息技术与课程整合是信息化时代教育发展的必然趋势。信息技术与学科课程的整合就是通过将信息技术有效地融于各学科的教学过程，营造一种新型的教学环境。其本质与内涵是指基于先进教育理论的指导，在教学过程中运用计算机与网络核心技术，实现各种资源的优化和整合，丰富教学环境，促进学生自主学习，从而促进传统教学方式的根本变革。

在这种整合的过程中，大学英语教师专业发展要面临新的要求，教师专业发展模式中会出现现代教育技术的应用。信息技术与课程整合要将信息技术与课程教学真正地融合，而不是将它作为简单的演示道具。在整合的过程中，要结合教师自身的知识背景情况、技术掌握情况以及个人教学风格等，制订最优化的教学方案，使教师在课堂教学目标的实现过程中达到最高的层次。

3. 提高教师信息化教学能力

通过信息技术与教学理念的整合提高教师信息化教学能力，体现了信息时代对新型教师的要求。利用现代技术改变教学方法是教师专业发展的必然趋势。因此，教师要适应时代发展需求，大胆尝试并接受新技术及新方法。通过不断学习并掌握现代教育技术促进教学。

新技术主要有信息检索技术、知识管理技术、表达展示技术、探究教学技术、思维汇聚技术、实践反思技术、教学评价技术、网络教学技术。英语教师应该在比较短的时间内掌握这些实用的技术，提高创新能力，促进教师专业技能发展。

4. 智能化计算机辅助英语教学系统

早期的计算机辅助英语教学主要利用编程逻辑下的自动教学操作系统，通过多个计算机与中心计算机互联实现教学。这样有利于反馈学习效果，及时发现学习者的问题和错误，并进行及时的分析和讲解；也有利于减轻教师繁重的作业批改负担，提高教师的教学效率。智能化计算机辅助英语教学是在长期研究和发展计算机技术与英语教学的基础上逐步形成的。它将计算机技术的优势与大学英语教学相结合，为学习者提供更精确、个性化的学习体验。

智能化计算机辅助英语教学的一个重要特点是能够将学习者的学习成果与计算机中的正确答案进行对比。学习者可以通过计算机系统进行练习，系统将自动评估学习者的答案，并给出相应的反馈和建议。这种及时的反馈可以帮助学习者自我评估，发现并纠正错误，进而提高学习效果。

此外，通过添加自然语言处理功能，智能化计算机还能对语段进行自动分析，检验所使用的语法结构是否正确。它还可以处理口头输入，并进行声学分析。这样，学习者可以通过和计算机的互动来提升口语表达能力，同时得到针对性的指导和修正。

5. 用计算机语料库进行数据驱动学习

大量在线电子语料以及通过各种电子媒介发行的电子文本为语料库的建设提供了丰富的语料来源。语言研究者可以根据自己的研究兴趣和方向构建不同形式的语料库。这些语料库为学习者提供了大量的语言使用数据，包括常用词语的索引和扩展语境，以及完整的文本。数据驱动学习以学生需求为导向，鼓励大学英语教师之间的互助合作和共同探索。英语课堂的活动围绕各种学习内容展开。在借助语料库进行语言系统和语言使用情况研究的同时，人们对语料库语言学本身也进行了深入研究。

语料库语言学不仅仅是一种语言研究方法，更代表着一种新的哲学思维方式，对人们认识和研究语言产生了深远的影响。它提供了一种以真实语言数据为基础的研究手段，使研究者能够更加客观地了解语言的结构、用法和变化规律。通过语料库语言学的研究，我们可以更好地理解和解释语言现象，并为语言教学和语言技术的发展提供有力支持。

三、课程改革模式

当前的课程改革对大学英语教师提出了全新的要求和挑战，涉及教师的教育观、教育方法以及教学行为的转变。课程改革本质上是对课程价值观的调整，通过整合原有课程和教学方法，提出新的课程形式、教学观念和方式。这对教师的专业结构提出了新的挑战。

课程改革给大学英语教师带来了挑战和压力。教师的角色急剧转变，原有的教学经验流程被打破，专业活动面临新的不确定性。这使得教师产生焦虑，并对获取新知识有着强烈的需求。

课程改革对教师的专业发展和学习提出了新要求。大学英语教师需要积极参与课程改革，关注教育发展的动态，并不断更新自己的专业知识结构。教师的专业发展需要符合课程改革的要求和标准，从而为学生提供更好的教育教学服务。

成功的课程改革必然要求教师学会去做一些全新的事情，在这个意义上，课程改革本质上也是教师不断学习的过程。所以，在课程改革的背景下，教师发展与课程改革是"并肩前行"的。课程改革不仅可以促进教师学习专业知识和专业技能，而且可以增强教师的专业信念和专业精神。学校是教师工作的场所，也是教师发展的基地。在推行课程改革的过程中，除了重视过去有效的师资培训办法，还应确立以校为本的教师发展观，通过有针对性的学校课程改革活动促进教师发展。

校本教师发展体现了以下基本理念。首先，学校是教师发展的场所，教师的专业发展应该紧密结合具体学校的情况进行。其次，教师的专业发展需要基于教师和学校的需求，根据这些需求确定专业发展的活动内容。最后，教师发展是教师日常生活的一部分，是一个长期持续的过程。校本教师发展可以弥补师资培训的不足，有效地缩短教师发展的周期，促进教师的专业素养向更高的水平发展。

一名合格的大学英语教师离不开英语语言能力和教学能力。大学英语教师的语言能力包括出色的听、说、读、写和译的综合运用能力，以及跨文化交际能力。这些语言能力在大学英语教学实践中发挥着关键作用，直接影响学生的语言学习。除了具备优秀的语言能力，大学英语教师还需要具备教学能力。教学能力包括教学设计、教学方法的选择和灵活运用等方面。合格的英语教师能够根据学生的需求和特点，灵活调整教学内容和方法，创建积极的学习氛围，并能够有效地激发学生的学习兴趣和主动性。那么，在课程改革的模式下，可通过以下途径促进大学英语教师的专业发展。

（一）课程行动研究

传统上，课程领域的研究工作由专家学者主导，大学英语教师扮演着执行者的角色。然而，课程行动研究是指大学英语教师在实际课堂教学中进行的行动研究，旨在改善课程实践、提高教学质量。它强调实践性和参与性，并赋予实践者解释、试验和批判等权力。这种研究方法主要采用反思的循环方式，包括计划、实施、观察和再思考。

课程行动研究不仅强调教师在课程改革中的探索角色，拓展了大学英语教师的专业职能，还将传统的"书斋式"课程研究转移到实践层面，为英语课程理论和实践的整合提供了可能性。在这一过程中，大学英语教师也得到了锻炼和发展的机会。

（二）校本课程开发

校本课程是一种在学校基础上开发的课程形式，是相对于国家课程而言的。国家课程是由政府组织的专门机构在学校以外的地方进行开发；而校本课程的开发则发生在学校内部，根据具体的学校情况进行。

校本课程的本质体现在以下三个方面：首先，在学校权力方面，学校拥有课程的自主权；其次，在课程开发主体方面，教师是课程开发的主体；最后，在课程开发的场所方面，学校就是课程开发的场所。在校本课程的开发过程中，校长和相关教师组成课程小组，共同完成课程开发的任务，教师获得了课程开发的权力并承担相应的责任。

为了参与校本课程开发，大学英语教师必须积极学习相关的英语课程知识和课程开发技能，提升对课程的责任心并增强团队合作意识。校本课程的开发是一个教师民主参与和权责共享的过程，充满挑战，但也给教师带来成就感和满足感。所以，校本课程开发也是教师个人发展的过程。

（三）教学实验研究

课程与教学是紧密相连的，课程的实施包含了教学的过程，而教学则是课程实施的主要方式。任何课程改革最终都必须在学校层面实施，并体现在具体的教学中。如果学校能够借此机会，进行课程与教学的同步改革实验，就能够更新教师的课程观念和教学理念，改善其专业知识结构，从而促进大学英语教师的专业发展。在英语课程改革之前，大学英语教师已经在教学实践中逐渐形成了自己的课程观念和教学理念，这些观念和理念适用于既有的课程与教学，且可能取得良好的效果。

然而，课程改革对原有的课程与教学提出了根本性的变革。在价值观层面上，课程改革需要进行方向性调整，而教师原有的课程观念和教学理念已无法适应这种改革。学校进行课程与教学同步改革实验，将为大学英语教师提供拓展知识面的机会，更新教育教学观念，培养合作精神和团队意识，并形成新的教育问题视角，从而不断促进教师的专业发展。

（四）教师自主发展

大学英语教师自主发展是指英语教师根据自身和学校的发展需求，在学校环境中自主地设定发展目标、利用学习资源、选择发展策略以及评估学习成果的一种专业发展方式。英语教师自主发展强调教师作为主体的发展，要求教师具备自我发展的意识和能力，承担起专业发展的责任，并通过多种途径实现个人的发展。这种过程主要通过持续地审视、批判和反思课程和教学实践来实现，从中获取新知识，提升能力和专业素养。

随着课程改革的推进，大学英语教师必须拥有自我发展的意愿，从外部监督逐步转变为自我监督，进入自律和自觉的状态。这种自主发展是一个不断上升的过程，之前阶段的学习成果成为下一个阶段发展的基础。

第四节　大学英语教师培训的方法论

一、技能型培训方法论

现代外语教学强调重心从知识层面转为技能层面，这应从教师培训做起。每一种教学方法都与特定时期的背景有很大的关系，更新理念应伴随更新方法。

技能型培训可以采取多种方法，如任务型、行动型、经验型、反思型等，注重事后的感悟，追求经历后的归纳总结的效果，反思所做的事情对自己的作用和影响，并寻找理论支撑。这一培训活动主要是为了达到互动学习、经验学习、合作学习、自主学习等效果。

任务型／合作型的教师培训注重通过小组合作来完成任务，以促进教师之间的互动和交流。以下是具体的培训步骤。

一是小组分组：将参加培训的教师分成四人小组，确保每个小组都有足够的人数来进行有效的合作和讨论。

二是标号：对每个小组中的成员进行标号，以便在讨论中能够清楚地指称每个人。

三是小组讨论／设计：将小组分开，让他们对一个教案或一个教学活动展开讨论。每个小组成员都应参与进来，发表自己的观点和建议。

四是讨论笔记：每个小组应准备一份讨论笔记，记录下讨论过程中的关键观点和结论，以备后续的交流和总结使用。

五是小组成果交流：对各个小组的讨论成果进行交流。可以通过轮流报告的方式，让每个小组分享他们的讨论结果和教案设计。其他小组的成员可以提出问题、给予意见或补充建议。

通过这种合作型的培训，教师可以有效地相互学习和分享教学经验。小组合作促进了教师之间的互动，开放了多角度的思考和讨论。同时，每个小组都有机会分享自己的观点和经验，从而促进了全体教师的专业成长和发展。

二、研究型培训方法论

这种方法注重将培训与研究课题结合起来。例如，与以下课题相结合的教学效果培训。

①基于教师的教学效果研究。

②基于学习者的学习效果研究。

③创造性教与学研究。

此外，培训也可以结合教师的观念和行为研究来进行。

①对语言和对语言教学有什么样的信念就怎样付诸教学。例如，如果认为语言是一种技能，教学就会注重技能的掌握方法；如果认为语言是一种符号系统，教学就会注重语言知识的讲授等。

②尽管对语言和语言教学有现代理念，但是并没有在实际的教学行为中体现出来。例如，相信交际教学法，但在实际的教学中采用的依然是灌输讲授的形式。

③语言和语言教学缺乏科学理念，教学行为显得盲目或自以为是。培养教师对外语教学定式的批判、审视、反思、解构和重建的学术水平是教师培训与研究结合不可或缺的内容。

三、教材研用型培训方法论

将现代英语教师培训与教材推介结合起来，符合现代外语教育发展理念，并且对教师的发展有着直接的教育和培训意义。教材在教师培训中扮演着重要的角色，通过教材的介绍和使用，可以有效地帮助教师提升教学能力和专业素养。

首先，教材可以提供教学理念、特色、途径、方法和模式的介绍，使教师了解到最新的教学观点和方法论。教材作者通常会在教材中明确阐述其编写目标、教学原则和教学策略，这对教师来说是一个很好的参考。

其次，教材的使用中可以体现教师的个性化风格和教育观念。教材可以配以丰富的教学资源，如教学活动、案例分析和教学展示等，这些资源可以根据教师的个人特点和喜好进行灵活运用，从而发挥教师在教学过程中的创造性。

再次，教材中的疑难问题讨论也可以成为教师培训的重要内容之一。教师在教学过程中可能会遇到各种各样的问题，教材可以提供一些案例或情境，通过与教师的讨论和反思，帮助教师解决问题，提高教学质量。

又次，可以教材的课文主题为中心，设计相关的教学活动或任务，并能够将其有机地融入自己的教学中去。

最后，在教材培训中，可以引导教师编写教案，或对现有的教材进行再创作，以适应不同的教学环境和学生需求。

第五节　大学英语教师专业发展的现实意义

一、实现英语教师人生价值的需要

传统上教师职业被赋予了过多的道德内涵，但这种道德并不是指向教师个人发展的，而更多强调教师的责任，强调教师的付出和贡献。人们之所以会赞扬教师，是因为教师为社会和人们做出了贡献，理所当然应当得到社会的尊重，但人们却很少关注教师自身发展的需要。人们更多地从教育发展、学生发展的角度讨论大学英语教师专业发展的问题，希望通过大学英语教师的专业发展来提高英语教学水平和教育质量，这仍然强调大学英语教师要满足社会的需要。然而，在当前关于大学英语教师专业化的讨论中，教育系统内部的一些人更加关注的是通过专业化提高大学英语教师的社会地位，实现大学英语教师的人生价值。

二、符合世界师范教育的发展趋势

大学英语教师的专业化是世界师范教育的发展趋势。自20世纪60年代以来，特别是20世纪80年代以后，教师专业化运动已成为世界各国提高教师教学质量的主导运动。1966年联合国教科文组织和国际劳工组织联合通过了《关于教师地位的建议》。其中强调，应该确立教师职业生涯中的正确目标，即通过职业终身教育获得专业知识和技能，实行职业自主，展示职业道德，逐步提高自身的教学素质。国际教师教育改革的目标就是培养具有专业化水准的教师。教师职业发展应该是一个动态的发展过程。现如今，高校的英语教师还远未达到专业标准的要求。因此，要改革和发展教师教育，开展大学英语教师的专业发展，提高大学英语教师的专业化水平。

三、有利于提高高校英语教学质量

教育教学工作对学校的发展至关重要。学校办学质量的高低是按照学校教育教学质量的高低来评定的，而教师是学校教育教学工作的主要承担者，所以，教师专业发展质量也在一定程度上决定了学校的办学质量和未来发展。

从学校层面来看，大学英语教师的专业发展不是指个别教师的专业发展，而是指全体英语教师的专业发展。全体教师的专业发展质量决定着学校教育质量。这并不是否定个别优秀教师在学校发展中的个人价值，而是因为学校作为一个集体，其发展需要建立在全体成员充分发展的基础上，需要建立在积极发展的团体的基础上。

所以，高校英语教学的发展必须依赖于大学教师集体众多成员积极向上的对专业发展的追求。高校可以利用个别优秀英语教师的榜样力量推动全体英语教师的专业发展，从而提高大学英语教学的质量。

第二章　大学英语教师专业发展问题与影响因素

我国的大学英语教师专业发展已经取得了一些成效，越来越多的大学英语教师开始关注自身的专业成长，积极参加各类培训和学习活动，提高自己的教学能力和水平。同时，各个高校也在积极推动大学英语教师专业发展，加强师资培训和学科研究，提高大学英语教学的质量和水平。然而，大学英语教师专业发展也存在一些问题需要解决。有些大学英语教师缺乏专业发展的意识和动力，没有充分认识到专业发展的重要性；有些教师则因为教学任务繁重、科研压力大等多种原因，无法投入足够的时间和精力去进行专业发展。本章围绕大学英语教师专业发展存在的问题和大学英语教师专业发展的影响因素展开研究。

第一节　大学英语教师专业发展存在的问题

一、教师个体主观问题

（一）知识结构欠完善

《中华人民共和国高等教育法》（2015 年修正）规定，取得高等学校教师资格应当具备研究生或者大学本科毕业学历。不具备研究生或者大学本科毕业学历的公民，学有所长，通过国家教师资格考试，经认定合格，也可以取得高等学校教师资格。

但是，非师范院校培养的研究生或博士生从学校直接进入英语教学领域，缺乏从事教学工作所应该具备的教学理论知识、技能和经验，距离真正意义上的胜任，还有相当长的距离。我国大多数英语教师都是由传统的英语语言文学专业培养出来的，他们在校期间的主要精力花在如听、说、读、写、译等英语技能的学习和训练上，语言学理论、英美文学与文化等课程课时少，也没有接受过系统的心理学、教育学、英语教学法等师范教育和教学实习等，因此，英语教师在学科、跨学科和教学知识结构方面往往先天不足。

此外，英语教师的在职培训也尚未建立起系统的教师专业发展支持体系，教师专业发展缺乏必要的教师培训资源，如专门的培训机构、培训课程和培训材料等。作为目前我国英语教师在职教育主要形式的国内短期教师培训项目，在内容、形式和效果上也存在一些问题。长期以来，我国外语教学研究定位在语言学范畴，重学科知识，轻学科教学知识，重语言技能知识，轻教育理念、语言学习理论和教育心理学。因此，从总体上而言，我国大学英语教师的专业知识结构并不完善。不少教师上起课来要么是"以前老师怎么教我，我也怎么教学生"，要么是"跟着自己的感觉走"。

（二）专业发展观念淡薄

有一部分英语教师在专业发展方面可能存在观念淡薄和缺乏主动性的情况。这可能是因为他们已经积累了一定的教学经验，觉得自己已经能应对教学任务，没有进一步提升的需求。然而，教育是一个不断发展和变化的领域，新的教学理念和方法不断涌现，对于教师来说，保持专业发展的态度是非常重要的。

一些教师可能因为时间和精力的限制而无法积极投入专业发展中。教师的工作压力大，再加上班级学生多，教师的课余时间几乎全部用于备课以及指导学生的学习等方面，面对繁重的教学任务，很难抽出时间去主动学习新的教学理念和探索新的教学方法。同时，有些教师可能缺乏对专业发展的认识和重视。他们可能认为自己的教学经验足够应对各种教学情境，缺乏对教育教学领域的持续学习的意识。以上诸因素使得大学英语教师很少有时间进行专业学习，提升自己的专业水平。

（三）大学英语教师职业倦怠

职业倦怠这一概念最早用于描述那些服务于助人行业的人们因工作时间过长、工作量过大、工作强度过高所经历的一种疲惫不堪的状态。倦怠是在以人为服务对象的职业领域中，个体的一种情感耗竭、人格解体和个人成就感降低的症状。情感耗竭即个体情绪情感处于极度疲劳状态，丧失工作热情；人格解体即个体以消极、否定或麻木不仁的态度对待工作对象；个人成就感降低，即个体评价自我意义与价值的倾向降低。

大学英语教师的职业倦怠主要表现在以下三个方面。

1. 忽视学术研究

在教师发展问题上，学术研究是关乎教师学术生命和保证教学效益的重要环节，却也是我国英语教师职业生涯中的薄弱环节。

首先，大学英语教师在日常的教学工作中面临着较大的时间压力和工作压力，很多教师难以抽出时间来进行深入的学术研究。这导致很多教师只能停留在表面的教学知识传授和应付考试的层面，难以进行深入的教育教学研究。

其次，对于教师来说，学术研究的能力和素养也是一个需要不断培养和提高的过程。然而，在现有的教师培训机制中，重视学术研究的培养和训练还不够，很多教师缺乏相应的研究方法和技巧，对于学术研究的重要性和深度认识较少。

最后，学术研究的推广和应用也需要更好的支持和鼓励。目前，在我国的英语教育领域，研究成果在学术界发表后很少得到广泛的应用，无法真正对教育实践产生积极的影响。

原中山大学外语教学中心主任夏纪梅在讨论新时期大学英语教师发展的难点和出路时提到，不少人没有主动认真地听学术报告，或听不懂学科性强的学术报告；没有把握住口头交流学术的机会；没有坚持阅读学术著作，特别是英文原著；没有经常动笔写学术论文；没有坚持自觉学习，不断更新外语教育理念或理论；没有对外语教学涉及的微观现象进行必要的研究。这些教师仅靠自己大学本科或硕士研究生的一点本钱，满足于埋头教学，不知科研究竟为何物。[①]

究其原因，没有中小学的升学压力，也没有听课、公开课等要求，高校的教学环境相对宽松。很多教师虽然有上好课、搞好教学的愿望，但因为缺乏外界的督促和压力，行动上往往滞后。

2. 教育教学理念陈旧

教育改革的核心在于教师教育理念的转变和专业素质的提高。教师专业化的内容之一是教育理念的转变，这一点在大学英语教师身上体现得尤为明显。除了具备语言能力，他们的教学理念对教学水平也有着很大的影响。虽然新时代的教学观念强调在学习过程中要树立新的师生观和课程观，使学生主体参与，变"以教师为中心"为"以学生为中心"，要求改变学生的学习方式，倡导学生在教学中的自主、合作与探究。教师在英语教学中要起到组织者、设计者和指导者的作用。因此，大学英语教师需要转变教育理念，提高专业素质，以适应新时代英语教学的要求。

---

① 夏纪梅. 新时期大学英语教师发展的难点与出路 [J]. 外语教学理论与实践，2012（2）：6-8.

通过创设良好的语言环境和提供大量的语言实践机会，通过学生自身的体验与合作学习，强化学习动机，提高学习兴趣，形成学习感悟，掌握学习策略。但是，在具体的教学中，一些英语教师还是没有真正将这个理念应用到课堂教学中，仍然凭经验教学，对新的教学观念反应淡漠。

教师的教育理念的转变对于英语教师专业素质的提高和学生学习效果的改善具有非常重要的作用。随着教育理念的不断发展，新时代的英语教学观念确实强调以学生为中心，鼓励学生在教学中的主体地位，以及积极参与和探究的学习方式。在这个新的教学观念下，英语教师需要转变角色，从知识传授者的角色转向引导者和促进者的角色。

3. 科研与教学脱离

除了人均科研成果数量少，优秀科研成果缺乏，创新性研究匮乏，实证性研究比例偏低之外，我国大学英语教师在专业发展上的另一个主要问题便是科研与教学严重脱节。目前国内高校教学和科研存在对立的"怪现象"：① "英语教育的实践活动"常常不是研究对象；② "英语教师的个人知识"常常不是研究对象；③ "英语教师本人"常常不是外语教育研究的主体；④能被称为"科研"的大多从属于"语言学和外国文学的研究"；⑤ "学术活动"通常指的是来自专家的讲座报告；⑥英语教学方面的文章，特别是诸如"教育叙事"的研究论文，在外语类核心期刊中很难发表。

大学外语教师中致力于改进课堂教学实践、解决实际教学问题的教师相对较少。这可能与一些因素有关，包括教师对这一领域重要性的认识不足，以及对于实证研究方法和技巧的掌握不够。首先，不少教师可能缺乏对基于教学实践与师生发展的原创性实证研究重要性的充分认识。他们可能更重视教学经验和教材使用，而对于教学研究的价值和意义尚不够重视。其次，教师在教师培训和学术研究方面，往往更加注重理论知识的学习和学术论文的发表。对于实证研究方法和技巧的学习和应用可能缺乏足够的支持。

一些教师可能对研究不太感兴趣，他们更注重教学工作本身，对于将问题转化为研究课题并采用科学研究方法解决的意愿较低。另一些教师可能之所以从事研究，是因为学校对教师的科研要求，以及教师考虑到自身的评职称等需要。

一些大学英语教师阅读教学研究文献的积极性也不高。这可能是因为他们觉得研究文献与他们的教学实践脱离较远，或者缺乏对研究成果的实际应用的认识，他们认为文献不能提供实用的课堂教学建议。在教学研究领域，只有少数教师经常进行文献研究。教师参与研究的主要原因并非源自专业发展的内在需求，而是由于学校的要求和职称晋升的需要。科研与教学脱离的困境，使得很多教师在时间、精力有限的情况下只能选择其一，结果往往顾此失彼，严重制约着大学英语教师的专业发展。

我国大学英语教师的专业发展之路并不平坦，但如何克服环境中的不利因素，积极促成自身的专业发展，是与每个大学英语教师切身相关的、值得深刻思考的命题。

（四）教师之间互动合作少

教师职业具有独特性，既要求较强的自主性，又要求进行社会互动。教师的发展并不仅仅依赖于个人的自我研究，更需要通过与同事的交流和讨论获得激励，以提升自身发展的动力。教师之间的互动和交流是推动教师发展的重要外部因素。然而，当前大学英语教学环境中，教师往往缺乏有效的沟通和科研互动。由于同事之间在研究方向、目标和兴趣方面存在很大的差异，如果没有学科带头人的引导，很难形成一个教师学习共同体。个体积累的资源和能力往往相对薄弱，因此采取团队发展策略有助于弥补个体的不足。通过团队合作，可以集中多方面的优势，淡化个体劣势，提高整个团队的教学和科研能力。同时，教师学习共同体的形成也有助于促进教师之间的互动和合作，推动学科发展，提高整体学术水平。

单一的教师共同体虽然可以相互帮助、启发和激励，但往往会局限于自身经验，缺少理论与实践的结合。这可能导致教师在同一水平上反复循环，无法达到应有的理论高度，对于提高教师教学和科研水平的帮助十分有限。长此以往，这也会影响教师参与互动的热情和积极性。因此，教师需要在理论与实践方面进行不断的探索和学习，打破自身认知局限，提高自己的综合素质，增强自身的专业素养和综合能力。与此同时，学校也应该加强对于教师专业发展的支持和引导，提供更多的学习资源和机会，促进教师学习共同体的多元化和差异化发展。这样才能够真正提高教师的专业水平和素质，推动学校的可持续发展。

二、客观环境问题

（一）英语专业边缘化

在大学里，英语是基础学科，不像理工科专业那样，可以直接创造经济利益。因此，在教育日益市场化的形势下，大学英语教学的专业地位逐渐被边缘化。

这种现象的产生可能有以下原因。专业地位不够高，与理工科等专业相比，大学英语教学被视为基础学科，因此其专业地位相对较低。相对于一些热门专业来说，大学英语教师的职业发展和薪资待遇较为有限。教育市场竞争激烈，随着教育市场的竞争日益激烈，学校可能更加注重招生和留存学生等方面，而对英语教学的投入与支持相对较少。

另外，大学英语教师都面临非常繁重的教学任务。多年来，大学英语教师的工作量一直没有减轻，班级人数多也是教师面临的一大难题，教师往往疲于应付上课任务，没有多余的时间和精力去学习、进修和进行教学研究。在职英语教师接受进一步培训或深造的机会非常有限。如果教师长期承担超负荷的教学工作量，同时又没有专业学习的机会，国家或学校制定的教学改革目标就难以顺利实现。

（二）教师专业发展培训内容针对性不强

1. 专业化培训中侧重理论培训，缺乏理论与实践的结合

当前专业化培训的内容大致采用网上培训或集中统一授课的方式，培训课程大多是教育教学理论、教学技能、信息技术等。现在第一线的教师除这些理论方面的知识之外，还迫切需要英语语言技能、教学技能训练类的课程。

单纯的理论培训可能无法帮助大学英语教师充分理解并掌握实际工作中的技能和知识。理论是实践的基础，但仅有理论而无实践，往往无法使大学英语教师真正理解和掌握所需技能。这是因为理论知识和实际应用之间存在着一定的距离。理论知识可以提供指导和基础，但实际应用中往往需要更多的技能和经验。只有通过实践，大学英语教师才能真正理解理论知识的内涵，并学会在实际情况中运用这些知识。此外，实践还可以提供更多的经验和案例，帮助他们更好地掌握不同情境下的技能和应对策略。因此，在培训中，理论与实践相结合是更为理想的方式。英语教师可以在理论学习的基础上，通过实践来进一步巩固所学知识，同时获得更多的经验和技能。

缺乏实践的培训也可能导致教师无法真正理解和应用所学知识，进而影响培训效果。教师可能无法在实际工作中运用所学知识解决问题，导致工作效率和质量下降。对于教师来说，只有通过实践才能真正理解所学的理论知识并将其应用到实际工作中。通过实践，教师可以更好地了解学生的学习需求，发现自身的不足并提高自身的教学水平。

2. 继续教育培训的理念与方法存在不合理

目前的继续教育有些采用大班制并且以讲座方式授课，这种培训方式缺乏教师的参与和互动机会，使教师缺少和同行学习交流的体验，阻碍了教师专业技能

和教研能力的提高。这种模式可能无法满足教师的全部需求，因为它缺乏足够的互动和参与性。教师之间的学习和交流对于他们的专业成长至关重要。

（三）英语学科发展相对落后

我国英语教学的学科发展、教师教育和专业发展研究相对落后。

在学科发展上，存在英语教师专业特点不明显、学科基础太宽泛、专业标准不权威、专业组织不强大的问题，学科建设相对落后被认为是大学英语教学理论研究薄弱、教师学历偏低、学科带头人缺乏等一系列改革难题的根源所在。我国英语教师教育的研究起步较晚，取得的成果也有限。在各类刊物中，与外语教师教育相关的论文数量较少，而且硕士、博士论文的发表时间相对较晚，数量也不足，高质量的研究更是少之又少。另外，我国高校外语教师教育与专业发展的研究内容较为局限，实践模式相对单一，理论探讨过多而实证研究相对较少。

在中国的大学英语教师专业发展的研究文献中，非实证性研究仍然占主导地位，其中引介、评述和理论思辨类的研究尤为突出。然而，实证研究的数量明显不足以支撑整个研究领域的深入发展。就实证研究的内容而言，大多数集中在宏观层面，如通过问卷调查来了解教师的专业发展情况。然而，这些研究的主题过于宽泛和肤浅，且未对数据进行"三角验证"，因此得出的结果对推动教师专业发展意义不大。另外，少数涉及课堂的研究则主要关注某些微观的教学技能和技巧，而不是教师作为人的全面发展。这种研究倾向可能忽略了教师专业发展中更为复杂的因素和背景，无法全面揭示教师的成长和发展过程。因此，未来的研究需要加强对实证研究的投入，注重教师在不同环境和背景下的全面发展，并深入探讨教师作为人的发展过程。

我国外语界在教师培训和专业发展上也存在不少误区：①重语言研究（语言学理论），轻教学研究（教育学理论）；②重某一学科的理论研究，轻基于课堂的应用研究；③重研究者研究，轻以教师为中心的研究；④重国外方法推介，轻国情研讨。可见，我国的大学英语教师教育和专业发展研究相对落后，这也是目前我国大学英语教师发展前景不乐观的重要原因之一。

（四）学科身份不明

教师所从事的学科是他们的专业，也是他们安身立命之本。学科属性已经成为影响大学英语教师专业认同及专业发展最为重要的外部因素。在中国，外语语种的不均衡发展、大学英语的学科属性、英语专业的专业内涵等问题，限制了高等学校外语教师的学术职业发展。

大学英语作为一门课程，并没有像英语专业那样有着明确的专业划分和学科定位，因此在大学英语教师的发展路径上，往往存在着不确定性和模糊性。由于缺乏明确的专业发展方向，大学英语教师在学历提升、职业规划等方面难以得到有效的指导和支持。此外，与专业英语教师相比，大学英语教师在职称评审、科研项目申请、评奖、出国留学等方面的竞争中往往处于劣势地位，这使得他们的职业发展受到限制。同时，由于缺乏著名的学者或学术带头人作为精神标杆、旗帜或引路人，大学英语教师很难看到自己学科的出路和学术发展方向。这些问题的存在，不仅影响了大学英语教师的职业发展，也制约了大学英语教育水平的提高。因此，为了解决这些问题，我们应该积极探索大学英语教育的学科定位和发展路径，为大学英语教师提供更为广阔的发展空间和平台。可以从加强学科建设、完善职业规划、提高学术水平等方面入手，为大学英语教师提供更多的机会和支持，从而推动大学英语教育的健康发展。

大学英语课程在学科建设方面的薄弱，以及教师在职业发展上的困境，导致了校本认同、学者认同和学生认同问题的出现。高校存在大学英语教师发表论文困难、申报社科项目困难、评聘职称困难等问题。这种局面在客观上造成了大学英语教师在资源竞争上的更大困难。

第二节　大学英语教师专业发展的影响因素

一、个人因素

（一）以自我效能感为基础的外在、内在影响因素

教师自我效能感是指教师在进行某种教育教学活动之前对自己能够在什么水平上完成该活动所进行的推测、判断。教师的自我效能感决定了其自身行为的坚持性、行为努力程度以及行为成就，并在教师教育行为中发挥着关键作用。在分析影响大学英语教师专业发展的个人因素时，需要考虑外在和内在两方面的因素。

1. 外在因素

（1）大学英语课程的地位

《大学英语课程教学要求》明确指出，大学英语课程是大学生的一门必修基础课程[①]。这无疑强调了大学英语教学在人才培养中的重要性。大学英语教学在

---

① 吴珊.英语教学中时代感的培养[J].考试周刊，2014（15）：89.

人才培养中具有重要的地位和作用，而教师自我效能感的培养和提高是提高高校教学质量和水平的重要保障。因此，高校应该加强对大学英语教学的管理和监督，并重视教师自我效能感的培养和提高。

（2）学校层面提供的专业发展空间

学校作为教师从事教育教学工作、实现专业成长的重要场所是不可替代的。学校为教师提供了专业发展的平台和机会，促进了教师的跨学科知识和多种专业背景知识的积累。高校的大学英语后续课程的开展对英语教师的专业发展提出了更大的挑战。这些课程涉及英语教学的前沿理论、新的教学方法和教学资源，要求教师不断学习和更新自己的知识和技能。

此外，学校还可以为教师提供其他专业发展的机会和环境，如组织教研活动、学科研究、参加学术会议和培训等。这些活动可以促进教师与同行的交流与合作，拓宽专业视野，提升教学水平。

学校还可以提供教师参与项目研究或创新实践的机会，让教师通过实践探索、实践创新来提高教学效果。对于教师的专业发展来说，学校的支持和投入非常重要。学校应该为教师提供相应的资源和支持，包括资金、时间和培训资源等。

同时，学校也需要建立一个良好的教师评价和鼓励机制，激励教师积极参与专业发展，不断提升自己的教育教学水平。只有这样，学校才能更好地发挥其对教师专业发展的重要作用，提高整个教育体系的质量。

（3）周边同类人员的专业发展状况

替代强化对自我效能感的影响确实存在，而身边同类人员的专业发展状况会对大学英语教师的自我效能感产生影响。如果大多数教师都继续按原有的应试教学方式开展后续课程，可能会导致一种认知，即觉得没有必要努力提升自己。这种认知可能逐渐影响其他教师的专业发展，从而形成一个不利的循环。

然而，如果有些教师能够带头进修学习，并取得骄人的教学成果，同时获得学校的物质奖励，就会产生积极的影响。这些教师可以起到一个榜样的作用，其他教师可能会受到鼓舞，也会更有动力去进行专业发展，并尝试采用新的教学方法和策略。这种积极影响可能会逐渐扩散开来，促使更多的教师加入进修学习的行列。

总之，学校可以通过激励和支持教师的专业发展，以及创造积极的榜样效应，促进整个教师群体的成长和进步。

（4）大学英语教师间的协作

校园人际关系的和谐、老教师之间的合作确实能够共同提高教师的自我效能感，并推动教师的专业发展。在大学英语后续拓展课程中，教学内容的拓展涉及更多方面的知识和技能，需要教师之间的合作和交流，特别是关于社会文化知识和相关行业领域知识的交流。

首先，教师之间的交流对于知识的拓展非常重要。每个人对于社会文化知识的积累是有限的，通过相互交流学习，可以更快地扩大所有教师的知识面。可以组织教研活动、研讨会等，让教师有机会分享彼此的经验和知识，共同提高。

其次，针对非英语专业的英语教学，需要有针对性地涉及专业英语知识的学习和应用。教师可以与所辅导专业的其他专业课教师进行交流沟通，了解该专业的知识重点和未来发展趋势，有针对性地为学生提供学习专业英语知识的机会。

再次，教师还需与就业指导老师多沟通合作，以帮助学生学习和掌握就业时所需的英语应用知识和能力。教师可以了解就业市场对英语技能的需求，与就业指导老师共同探讨如何帮助学生提升应用能力，为他们的职业发展做好准备。

最后，新教师可以向老教师请教和咨询教育教学的相关问题，同时，经验丰富的教师也应该主动给予青年教师合理建议和有效帮助。可以开展师徒制培养计划，让新教师与老教师进行合作教学，帮助他们更好地成长和发展。

通过以上的合作和交流，教师可以不断学习和成长，提高自己的专业水平和教学能力，进而促进学生的学习和发展。这种合作和互助的氛围有助于增强教师的自我效能感，推动整个教师群体的专业发展。

2. 内在因素

（1）大学英语教师的专业认同度

职业认同对个体职业态度和行为的影响非常重要。作为教师，把教师职业仅仅视为一种谋生手段是不够的，我们应该将其视为生活中不可或缺的重要组成部分，并且热爱这份职业。职业认同是指个体对所从事职业的认同感、价值感和归属感。

具有强烈的职业认同意味着对教师职业的热爱和承诺，这将对个体的职业态度和行为产生积极的影响。一个充满职业认同的教师会持有积极的态度，兢兢业业对待教学工作。他们会投入教学中，关注学生的发展和成长，努力提供优质的教育，并且不断提升自己的专业能力。职业认同还能够激发个体的职业动力和热情，使个体愿意投入更多的时间和精力来完成教学任务。同时，职业认同还能够为个体带来更高的工作满意度和幸福感。一个对教师职业有强烈认同的教师会感受到工作的意义和成就感，并且能够体现个体的价值和作用。这将有助于个体产生积极的心态和情绪，提高工作效率和质量。同时，职业认同还可以提供更强的抗压能力，使个体能够坚定地面对困难和挑战，不断追求进步和成长。

作为大学英语教师，选择了英语教学和科研作为职业，对英语抱有认同和热爱是非常重要的。认同英语及其教学的价值会让教师更加自信，并增强教师的自我效能感。认同英语及其教学的价值意味着教师相信英语教育能够为学生带来丰富的知识和能力，使他们在经济全球化背景下更好地适应社会变革。这种认同和热爱将激发教师的激情和热情，使他们充满动力地投入教学和科研中。教师的自我效能感将得到增强，他们会更有信心克服困难，解决教学中的问题，并提供更有效的教学方法和策略。

此外，认同英语及其教学的价值还会对教师的专业发展产生积极的影响。教师会更加关注终身学习和专业成长，定期参加培训和进修，不断更新自己的教学理念和方法。教师可能会积极参与教育研究，探索和创新教学内容和策略，为学生提供更好的学习体验。同时，认同英语及其教学的价值还会鼓励教师与同行交流合作，互相学习和借鉴，推动教育的改革和发展。

这样的认同是建立在对英语教学的理解和重视上的，它不仅仅是技能和知识的积累，更是对教育的热情和使命感的体现。当教师对英语专业不看好或不认同时，他的专业发展就会缺乏根基。因为教师的职业认同不仅仅需要关注自身的专业素养和能力，还需要关注对所从事的教学领域持续深入了解和研究的愿望，以及对学生成长和学习成果的关注和投入。

（2）大学英语教师的自主发展意识

推动力对于大学英语教师的专业发展非常重要。这些推动力既来自系统的外部因素，也受到个体自身的内在因素的影响。

在教师专业发展的过程中，既有外部环境的物理过程，也有教师自身的心理过程。物理过程主要指教师通过参加培训、进修、研讨会等形式来获取新知识和技能，并将其运用到实际教学中。心理过程则是指教师通过学习和教学的实践，不断反思和调整自己的教学方法和策略，提升教育教学质量。因此，教师专业发展既需要外部的系统支持和环境变化，也需要教师自己的内在推动力和反思能力。只有综合考虑这两个方面的因素，教师才能实现持续的专业发展和进步。

教师自我专业发展意识是教师专业发展的核心因素，它反映了教师对自己专业成长的主动意愿和责任感。教师自我专业发展意识意味着教师认识到自己是专业发展的主体，有责任主动地更新知识和提升能力。教师应当具备自我评估的能力，了解自己的优势和不足，并主动寻找学习机会，不断丰富自身的专业素养。

这种自主发展意识让教师能够明确自己的专业目标和追求，并制订相应的学习和发展计划。这样的教师会更加积极主动地参加各种教师培训、研讨活动，主动寻求专业反馈和指导，实现自身专业发展。

教师自我专业发展意识还可以对教师的专业发展行为产生调控作用。教师可以通过对比个人专业发展水平和整个行业的专业路线，及时做出调整和改进。他们会根据自身的专业需求和发展情况，调整学习和研究的方向，选择适合自己的专业发展路径。这样的调控作用能够帮助教师更好地实现专业的成长和发展。

教师自我专业发展意识对于持续的教师专业发展至关重要。它激发了教师内在的动力和潜力，促使教师自觉地参与专业发展活动，并不断更新知识，追求教育教学研究的进展。只有具备自主发展意识的教师，才能不断提升自身的专业素养，适应教育环境的变化，为学生的学习提供更好的支持和指导。

在意识方面，大学英语教师需要具备终身发展的意识。随着教育理念的不断更新和教学要求的不断提高，教师需要不断更新自己的教育观念和教学方法，以适应新的教育需求。

首先，大学英语教师需要认识到终身学习的重要性。当代教育理念认为，学习是终身的过程，而不是一次性的行为。教师需要不断学习新知识、新技能和新理念，以保持自己的专业水平和教育教学能力。同时，教师还需要通过不断学习和实践，探索适合学生的新的教学方法和手段，以更好地培养学生的英语应用能力和文化素养。其次，大学英语教师需要具备自我观察和反思的能力。教师需要认真观察自己的教学过程和学生学习情况，发现自己的不足之处，并针对自己的薄弱环节进行改进。同时，教师还需要对自己的教学效果进行反思，发现问题并及时进行纠正。最后，大学英语教师需要树立专业发展的意识。教师的专业发展是一个过程，需要教师在实践中不断探索和积累经验。教师需要积极参与教育教学改革和研究活动，通过不断学习和实践，促进自己的专业发展。总之，大学英语教师需要具备终身发展、专业发展的意识，不断提高自己的专业素养和教育水平，以更好地适应新时代的教育需求。

（3）大学英语教师在从教过程中的成功经验

教师获得成功的经验对于提高个人的自我效能感非常重要。在大学英语教学过程中，如果教师能够在非英语专业的教学中取得成功，这不仅会增强教师对其他非英语专业的教学的信心，还可以进一步提升教师的自我效能感，对于教师的专业发展大有裨益。成功经验的积累对教师的影响是多方面的。首先，它能够给予教师积极的情绪体验，使教师情绪和生理状态处于稳定、积极的状态，有利于教师保持良好的工作状态，并进一步提高工作效率。其次，成功经验可以增强教师的自信心，使其更加坚定地继续努力提升自己的教学能力和专业水平。

在非英语专业的教学中取得的成功经验，可以使教师意识到自己具备足够的能力去应对新的教学挑战。这种自我效能感的提升，不仅有助于教师更好地应对日常教学工作，同时也有利于教师主动去尝试新的教学方法和策略，积极推动自身的专业发展。因此，学校应当为教师提供必要的支持和资源，创造更多的机会让教师能够在非英语专业的教学中积累成功经验，以增强他们的自我效能感，促进教师的专业发展。同时，教师自身也应当积极进取，充分利用各种机会去锻炼自己，提升自己的教学能力和专业素养。

相反，多次失败的经历对教师的自我效能感确实会造成负面影响，使其对自己失去信心。教育实践中，教师对教学成败的归因不同，会对其专业发展产生不同的影响。如果将成功或失败归因于外因，教师的专业发展的内驱力可能会不足；而如果归因于内因，教师更有可能通过自身的主观能动性去改变现状和提升专业能力。

在大学英语教师的专业发展中，确实需要对自己的发展进行规划。教师可以设定明确的目标，并制订相应的计划，以达到不断提升自己的专业素养的目标。当教师在实践中取得进步时，可以给自己一些小小的奖励或自我强化，以提高自我效能感，并激励自己不断努力。这种内部的激励机制能够推动教师在专业发展中持续成长和提升。

（二）大学英语教师的职业幸福感

大学英语教师的职业幸福感是教师基于对幸福的正确认识，为了实现职业理想，在自己的工作岗位上教书育人、不懈努力而产生的一种自我满足、自我愉悦的生存状态。高校教师的职业幸福感直接影响着教师自身的专业发展。大学英语教师职业幸福感的影响因素主要有以下三个。

1. 个人因素

自高校扩招以来，高校师资短缺，新手教师的知识，包括专业知识和对教育学、心理学等相关学科的了解几乎都是书本里的、抽象的，缺乏具体经验作为支撑，因此，在教学理论、教学实践、教学基本功、师德培养等方面都与成熟的大学教师有一定差距。但过于繁重的教学任务又使许多新入职的大学英语教师疲于应付，无暇顾及自身的专业发展。

因此，在以青年教师为主的高校英语教师队伍中，存在着一些亟待解决的问题。由于教师的平均年龄偏低，学历、资历和职称也相应较低，这导致他们在专业发展方面面临着诸多限制，如进修机会较少、课题申请困难和科研经费不足等。此外，长期超负荷的教学任务、不断改革的教学观念和课题模式，以及大学英语四、六级通过率的指标等压力，使得大学英语教师很难有时间根据个人兴趣、爱好和特长投身到科研和自身的专业发展中。

教学工作是许多教师的"谋生手段"而非"生活方式"，这种职业观在一定程度上影响了他们对教学工作的态度。由于对教学工作持有消极态度，一些教师缺乏创造性，每天重复着同样的教学工作，身心处于疲倦和压力之中，无法得到适当的释放和缓解。部分教师的身体处于亚健康状态，工作满意度和职业幸福感降低。

2. 学校管理因素

在学校管理上，一些规章制度过于复杂，各种形式的考试和评价体系，使教师除了进行常规的课堂教学外，还要忙于应对各种比赛、考核和评价，教师难以平静地追求工作的内在价值和体验职业生涯的内在快乐。

除此之外，一些学校在职称评定、绩效评估和奖金发放等方面的制度并不完善，导致教师的工作热情和动力受到削弱。在教师评价方面，部分学校缺乏有效的评价体系，评价标准设置相对单一。在教学氛围上，一些学校缺乏良好的人际关系，使教师每天都处于紧张的工作环境中，难以感受到教育事业所带来的快乐。

对于高校英语教学来说，大学英语四、六级的考试成绩依然是某些高校评价大学英语教师教学水平的一个重要标准。目前，虽然大学英语教学受到越来越多的关注，但学校管理层更看重的是教学的结果，对具体的教学环境、教学过程以及大学英语教师的自身发展并非十分重视。学校对大学英语教师的期望值高，却没有为其提供更好的发展平台，在缺乏资源和环境支持的氛围下，教师的消极情绪得不到合理的宣泄，职业幸福感逐渐减退。

3. 社会因素

教师职业被赋予了神圣和伟大的标签，从过去的"传道、授业、解惑"到现在培养新一代人才，教师的使命不言而喻。然而，社会对教师的期望日益理想化，可能会给教师带来一种心理压力。为了应对这种心理压力，教师需要有意识地为自己设定合理的工作和生活边界。他们需要明确自己的职责和责任，但也要知道自己的个人需求和幸福同样重要。教师需要找到适合自己的平衡点，借助支持系统和自我照顾机制，保持身心健康，并寻求适当的支持和帮助。

近年来，随着"科教兴国"战略的实施，教师的社会地位和职业声誉逐渐提高，教师的职业得到更多人的认可，社会上尊师重教的风气日益浓厚。在此背景下，大学英语教师的待遇也有所提升。然而，与此同时，社会对高校英语教学的期望值也日益增高，教师需要付出更多的努力来满足这些期望。这给教师带来了一定的精神压力。教师需要不断更新教学方法，提升自身的教学水平，以适应社会的要求和变化。

（三）知识技能因素

许多大学正在推进大学英语改革，其基本模式是减少大学英语总课时，削弱基础课课时，并增加选修课课时。选修课的内容和形式多种多样，包括专业英语类、高级语言技能类、文化类等。选修课更能满足学生的个性化需求，不过对教师提出了更高的要求。这就导致一些教师面临没有基础课可上，却又无力开设选修课的尴尬局面。

英语语言文化知识是教师任职的必要条件，大部分教师都应具备。但要实现专业英语教学，非英语专业知识是大学英语教师急需补充的。这是教师发展的重要内容。高校英语教师可以通过继续教育、培训、自学等多种方式获得某一甚至某些专业的知识，作为英语教学的内容支撑，将英语教学与专业知识相结合，成为跨学科的专业人才。当然，这不是一件容易的事情，教师可能需要相当长的时间来学习，并在实践中摸索和磨炼才能熟练掌握专业英语教学。但对于教师的专业化发展来说，这意味着部分质变，将成为可持续发展的关键。

在技能方面，主要体现为对多媒体教学技术的掌握程度。教育者必须先接受教育。新型教学模式以现代信息技术，特别是网络技术为基础平台，但很多教师还缺乏基本的现代信息技术知识和相关技能。因此，提升教师现代教育技术能力成为实施新型教学模式的首要任务。

二、环境因素

（一）社会环境因素

社会环境因素对大学英语教师的发展有着重要的影响，其中最重要的是教学改革和教师教育机构提供的培训。

第一，教学改革是大学英语教师面临的重要挑战。随着教育改革的不断深入，社会对于大学英语教师的要求也日益提高。教学改革不仅要求教师具备扎实的语言基础和广泛的文化知识，还要求教师能够掌握现代化的教育技术和教学方法，积极参与课程设计和教学评价，成为具有综合素质的"全能型"教师。

第二，参加教师教育机构提供的培训也是大学英语教师发展的重要途径之一。教师教育机构通常由政府或高校主办，旨在提高教师的教育教学水平和实践能力。这些培训通常包括教育教学理论、教学方法和技巧、教育技术应用等方面的内容，可以帮助教师更好地适应教育教学改革的要求，提高自己的专业素养和教育教学水平。

目前，许多教师对教学改革理念的认知和理解不够充分，这会对教师的专业发展产生负面的影响。首先，教师需要认真学习和掌握现代化的教育技术和教学方法，以便更好地适应教育改革的要求。其次，教师也需要积极寻求自我发展的机会和途径，如参与教师教育机构提供的培训等，以提高自己的专业素养和教育教学水平。最后，教师还需要积极参与教育科研活动，通过科学研究来提高自己的专业水平和教学质量，并为教育改革贡献自己的力量。只有这样，教师才能更好地应对技术理性的挑战，实现自我发展和成长。

教学改革的理念在传递过程中可能会出现不到位的情况，导致教师的教学实践与理念脱节。在这种情况下，教师需要更加深入地理解和掌握教学改革理念，将其融入自己的教学实践之中。这需要教师花费更多的时间和精力，积极探索和尝试新的教学方法和策略，以适应教育改革的要求。

此外，教师还需要寻求更加有效的路径来促进自己的专业发展。他们可以参与教师教育机构提供的培训，与同行进行交流和分享经验，以及参加相关的学术会议和研讨会等。这些途径可以帮助教师提高自己的专业素养和教育教学水平，从而更好地应对教学改革带来的挑战。最后，教师需要保持积极的心态，不断学习和尝试新的教学方法和策略，以适应教育改革的要求。同时，他们也需要对自己的教学实践进行反思和总结，不断提高自己的教学水平。只有这样，教师才能更好地促进自己的专业发展和提高教学质量。

目前，教师教育机构提供的各级各类培训存在一些问题，使得教师通过参加培训实现专业成长的目标无法实现。其中最主要的问题是培训过于注重短期效果，忽略了教师专业发展的长期性，以及培训内容和方法过于注重理论知识传授，忽略了教师实践能力的培养。

第一，大多数培训都将其目标设定为"短时、大量、高效"，这种培训目标不仅无法满足教师专业发展的长期需求，而且也忽略了教师个性化发展的需求。

第二，培训中存在的问题还体现在培训过程和结果缺乏有效的评估和反馈机制。大多数培训结束后，教师没有得到有效的反馈和评估，无法了解自己的进步和不足之处，也无法及时纠正自己的错误和偏差。

（二）学校环境因素

许多高校在对教师进行评价时，过于注重"绩效"，以至忽略了教师的工作过程、教学质量和学科性质。这种评价机制的问题在于，它可能会对某些学科的教师造成不公平，尤其是那些人文社会科学的学科。为了解决这个问题，高校应该重新审视高校的评价机制，以确保公平、全面地评价教师的工作。这可能涉及改变评价的主要指标，如更重视教师的工作过程、教学质量和学科性质，而不是仅仅关注科研成果。高校也应该为教师提供更多的职业发展机会，如参与校本培训，这将有助于提高教师的专业素养和教学水平。

教师自身也需要积极应对这种挑战。他们可以积极参与学术交流活动，提升自己的专业素养和教学水平。同时，他们也可以与其他学科的教师进行交流和合作，以促进跨学科的发展。总的来说，解决这个问题需要高校和教师共同努力，以实现公平、全面的教师评价，并促进教师的专业发展。只有这样，才能提高大学的教学质量，推动学校的整体发展。

我国的高等教育体系在某种程度上仍将科研作为评价高校实力的主要标准。在这种情况下，学校可能会将更多的人力、物力、财力投入更容易出成果的学科，而对于其他学科的发展支持相对较少。

然而，我们不能忽视本科院校教师对于专业发展的渴望和需求。为了实现这一目标，学校可以采取一些措施来支持教师的发展。例如，学校可以建立多元化的评价机制，综合考虑教师的教学、科研、学科建设等多方面的表现，而不仅仅是以成果为导向的评价机制。

此外，学校还可以加大对本科院校教师的培训力度，提高他们的专业素养和教学水平，并为他们提供更多的职业发展机会。

三、教学实践情境因素

在论及"情境"时，教育家杜威将其与"探究"相联系，并将其限定为"问题情境"，即一种不确定的状态，并认为探究就是要将不确定的情境及其后续发展转化为确定的情境，探究者不是站在问题情境之外的旁观者，而是处于问题之中处理问题的。

在他看来，人与"情境"是浑然一体的，人处于"情境"之中，在这种不确定的情境中，"人"成了中介，与情境进行反映性对话。通过与情境的互动，人塑造情境，并使自己成为情境的一部分。

大学英语教师的教学活动也深深扎根于他们的教学实践情境中。教学实践情境促使教师通过日常教学活动，发挥其作用，并在发现问题、分析问题、解决问题的行动过程中确定意义，在不同的专业发展阶段，通过合理选择专业发展路径来促使教师在教学实践情境与文化中形成相关的知识和概念，并在确认意义的基础上建构起个人的理解。

教学实践情境是"情境"的一种特殊表现形式，课堂作为教学实践的发生环境具有以下性质。

①公开性。课堂是大家共享的活动场所，是公开的，教师的言行、举止都处于学生的视线之中，因此教师的决策对学生的影响是直接而深远的。

②多维性。课堂是多个层次和维度的，其中充满了各种任务、人物和关系，他们之间保持着一种压力。各种不同的人，带着不同的目标、爱好、能力共享资源，教师的每个决定都不是单纯的，会带来多重效果。

③即刻性。教师需要即刻做出决策的原因主要是课堂是一个动态的环境，充满了各种需要处理的情境和事件。教师需要具备快速决策的能力，同时还需要灵活适应课堂中的各种变化。

④共时性。教师的工作经常需要在多个维度上同时处理多个任务。他们不仅需要传授知识，还要维持课堂秩序，处理各种突发事件，同时还要对每个学生的学习需求和情感需求做出响应。这是教师工作的复杂性之一。

⑤不可预测性。教室中的事件确实接踵而来，常常以意外或惊异的方式快速呈现。即使教师进行了详细的设计和规划，教学过程中也可能会发生各种预料之外的情况。教学是一种动态的过程，它不是完全按照预设的图纸进行的，而是具有多种可能性，可能会发生逆转甚至颠覆。教师需要具备敏锐的观察力和应变能力，以便及时应对各种突发事件。他们需要时刻保持警觉，注意学生的反应和课堂氛围的变化，以及突发的事件和状况。

⑥历史性。课堂中的师生都有一段比较长的相处"历史"，因而形成了一定的因果关系，教师或学生的特定行为往往依赖于之前所发生的特定事件，最初的历史会影响以后的课堂生活。课堂的多变与随意性，决定了教学实践情境的不确定性。

作为新手教师，无论他们在教室接受了怎样的职前培训，教学的某些方面的知识只能在工作中才能学到，没有哪门课程能够教新教师如何整合特定学生的知识和特定内容的知识，从而做出适应特定情境的判断。然而，真实的教学情境复杂而又多变、陌生而又难以捉摸，远不是他们能想象到的，他们的主要任务就是"教学与学习教学"，学会在教学中求生存。通过学习熟练教师，特别是优秀教师、专家教师的教学经验，从中体会和凝练能够提升自己知识结构的策略和方法，在不断尝试总结经验的行动过程中积累起丰富的教学经验，并在不断的反思—实践—再反思—再实践的检验中，逐渐形成自己的实践性知识。

当优秀大学英语教师成为独立的教学主体时，作为教学社会空间的重要主体之一，他们对于教学实践情境的掌控、驾驭与调节的能力不断提升。反思，与教学实践情境中的各因素进行对话，并在不断对话的过程中加深对教育理念的认识、对教学的理解，并最终形成行之有效的实践知识体系。"反思"作为教师专业发展的不可或缺的路径，还帮助教师将内隐的、缄默的、镶嵌于课堂教学实践中的知识和信念识别出来，帮助教师提高自我意识，加强教师的教学行为与教学理念之间的结合。

对于优秀教师而言，"反思"让教师认识到了行动研究的重要性，使得教师在选择其他专业发展路径时变得更为理性。通过对教学实践情境中所出现问题的不断反思，优秀教师越来越渴望了解这些问题的根源所在以及自己直觉下的教学行为的理据何在，而专业性书籍、期刊的阅读与学历学位教育等专业发展路径，帮助教师获得了答案。

第三章 大学英语教师专业发展与反思性教学

大学教师专业发展与反思性教学是当前教育领域备受关注的热门话题。随着教育理念和教学方法的不断更新和变革，对大学英语教师专业能力和教学效果的要求也日益提高。在现代教育中，大学英语教师的角色不仅仅是传授知识，更是引导学生自主学习和批判思考的重要指导者。反思性教学作为教师不断提升教学质量和学生学习效果的重要手段，被广泛应用于大学英语教学实践中。本章围绕反思性教学概述、反思性教学与大学英语教师专业发展、基于反思性教学的大学英语教师专业发展路径等内容展开研究。

第一节 反思性教学概述

一、反思性教学的主要理论

（一）杜威的反思性思维和教学创新

美国著名哲学家和教育学家约翰·杜威是最早对反思问题做系统论述的学者，他关于反思性思维及如何培养反思性思维教师的研究影响深远。

杜威早在 20 世纪初就认为，教师需要考虑远程和短程。前者涉及教育的长远目的，后者为短期目的。后来，反思成为杜威工作的一个关键主题。在杜威看来，反省思维为求知的最好方式。它是对任何信念或假定形式的知识，根据其支持理由和倾向得出的进一步结论，进行的积极主动的、坚持不懈的和细致缜密的思考。[①] 反思性思维不同于那种盲目顺从于传统和权威的常规思维。常规思维基本上是由传统、权威和冲动所决定的，而反思性思维是对某个问题进行反复的、认真的、不断的深思；反思性思维不是沉思默想，而是指思想从经验到人的活动

---

① 陈奥淇，崔国富.教师专业化培养目标模式的梳理与反思[J].新课程研究（下旬刊），2009（11）：8-10.

结果再回到原先的尝试的假设和猜测的活动。

杜威的反思性思维理论为教学创新提供了重要的依据。根据杜威的理论，反思性教学可以帮助教师从单纯冲动和一成不变的行动中解脱出来，使其行动具有预见性和目的性。

杜威推动了反思概念的发展。现在经常会遇到"反思性教学"一词。反思性教学涉及"批判性反思"，教师通过批判性分析反思那些影响教学和学习的问题。除此之外，批判性反思的关键是指导教师在教学实践过程中，认识和研究相关的问题，这可能涉及课程的设计、具体的教学环节、学习者的能动性等。反思性教学鼓励教师从对"如何""是什么"和"为什么"等问题的解释到对问题有新的理解，帮助教师重新界定和改进教学实践。

教师在反思的过程中可以发现新的问题，并能进一步对其创造力进行激发，在不断改进教学的过程中，把自己的教学实践提升到新的高度。教师在真实的教学情境中遇到困惑和疑问，产生真实的问题，激发研究动机，从而行动起来，收集知识资料和实地观察，设计解决问题的方法，通过真实的教学情境来对其想法加以验证，并对相应的教学经验进行积累，最终形成自己的教学理论，成为教师个人进行创新教学的基础。当然，教师通过教学反思来创新教学需要具有深厚的教育理论修养、广阔的教育前沿视野和敏感的教育问题意识。

（二）肖的教师个人实践理论和反思性教学

教师个人实践理论是美国学者唐纳德·肖（Donald Shaw）首先提出的。他认为，教师在教学过程中常常受到两种理论的支配和影响：一种是公共理论，另一种是教师的个人实践理论。

公共理论是指那些经过验证、已被广泛接受并被认为是真实有效的知识或观点，它们通过言语、文本等载体在公共领域中进行传播。公共理论是在社会共同认知和交流的基础上形成的，具有广泛的适用性和可靠性。它们通常是经过专门研究、实践和验证的，被学术界、专业人士和社会群体承认和接受。个人实践理论是指个人通过自身的教学实践和经验得到的理性认识成果。个人实践理论是在个体的实践活动中逐步积累和形成，它与个体的特点、背景、经验等密切相关。个人实践理论在不同个体之间可能会存在差异，个人的实践理论可能因为不同的教学经验和实践背景而有所不同。个人实践理论在个体的教学实践中具有实用性和可操作性，能够帮助个体更好地理解和应对具体的教学问题，并为个体的教学决策提供指导。

教师个人实践理论是一种隐藏在教师身上的个人有关课堂教学和生活经验的认知，又被称为行动中的知识、教师的策略性知识、实践知识和教学隐喻等。教师所掌握的公共理论要对教学实践发挥作用，必须经过教师的内化和吸收，结合个人已有知识、经历以及教学和生活体验，经过批判性分析并升华为教师个人实践理论之后，才能服务于真实的教学情境。实际上，教师每时每刻都在运用不同的个人实践理论实施着他们的教学。

反思性教学是公共理论转化为教师个人实践理论的最重要途径。教师是一个反思型实践者，教学实践在形成教师的个人实践理论方面起着重要作用。肖认为，教学实践应包括两种反思行为，一种是"对行动的反思"，即课前对课堂教学的思考、计划和课后对课堂教学的反思；另一种是"行动中的反思"，即教师在教学过程中对出乎意料的问题做出反应，并试图对问题进行解决，并对教学进行调整。两种反思行为是相辅相成的，促进教师个人实践理论的形成，推动教师专业的持续发展。当反思实践者发现行动的结果和目标存在差距，或者在实施行动计划遇到困难、出现问题时，反思型教师往往会对问题做出即时反应，试图解决问题，并在课后思考问题的处理效果，对自己已有的知识和经验进行批判性反思。对于教学中出现的一些特殊的问题，反思型教师往往会在同事之间讨论解决办法，交流心得，对问题的思考和观察也会更加系统，甚至会把它作为课题进行长期研究，并在真实的情境中检验教师通过反思形成的研究成果，教师在这一过程中逐步深入对问题的认识，不断地修改行动计划，以期能使行动结果和行动目标一致。这样在整个教学实践的过程中，教师的反思无处不在，而通过反思形成的个人实践理论反过来可以指导下一轮的教学行动。随着个人实践知识的积累，教师可以深入理解自己的教学行为和教学效果，从中发现问题、解决问题并不断改进教学方法和策略。反思实践有助于教师形成系统化的教学理论。通过思考和总结教学经验，教师能够将零散的教学知识进行整合，并逐渐形成自己的教学观念。这些理论可以帮助教师更好地理解教学原理和规律，并指导自己的实践。反思实践也能够提高教师的教学质量。通过反思实践，教师可以发现自己的教学中存在的问题，进而采取相应的措施去解决这些问题。教师可以通过调整教学策略、改进教学方法、丰富教学内容等方式提高教学质量，使学生的学习效果更好。同时，反思实践也是教师自身的专业发展过程。通过不断反思和改进实践，教师可以提高自己的教学能力和专业素养。教师可以通过参加培训、参与教研、交流探讨和研究等途径，进一步提升自己的专业水平。

二、反思性教学的特征与分类

（一）反思性教学的特征

相比于传统教学，反思性教学具有如下五个显著的特征。

1. 主体性

主体性即教师通过自觉地努力实现教学方式的更新和教育理念的获得。在反思的过程中，教师自身是反思主体，教师的责任感和专业发展的积极性是反思性教学的原动力。教师只有关注教学效果、不断进取和更新教学观念，才能主动发现问题、总结问题、分析问题和解决问题。

2. 情境性

教师每天都面对着不确定的、复杂的、充满困惑的实践情境。反思性教学通过教学反思在变动的教学情境中随时监督和调节教学活动，以达到教学实践的合理性，因此具有情境性。教学情境的复杂多变和不稳定使得现成的教育理论和教学方法通常不能奏效，教师必须通过反思超越自我，创新教学方法和模式，提高教学水平，促进个人的专业发展。

3. 探究性

实施反思性教学的教师可以敏锐地发现教学实践中有价值的问题，并针对问题进行分析、解剖。反思性教学是教师自觉地、有意识地探究新问题和寻求新策略的活动，正是反思性教学的探究性特征使教师成为教学实践中的研究者。

4. 内隐性

反思型教师通过教学反思建构的个人实践知识大多是一些包含个人经验和感受的默会知识，虽然可以通过写反思日志和进行行动研究来呈现反思过程，但大部分的反思只存在于反思者的头脑中。

5. 批判性

反思性教学需要批判型的教师。反思性思维本身就具有批判性，在接受和使用专家理论时不是全盘接受和机械照搬，而是以批判的态度看待问题，去伪存真，取其精华，去其糟粕。

反思性教学是大学英语教师提高教学质量的重要手段。反思型大学英语教师需要具备十个方面的能力，即认知能力、教学反思能力、设计创意能力、执行能力、教学观察能力、话语能力、互动能力、群体控制能力、表现和操作能力、研究能力。在教学实践中，随着教学经验的积累，大学英语教师的这十种能力会有不同程度的发展，各项能力的发展会呈现出不均衡的状况，要实现大学英语教师的全面发展，需要英语教师持续不断的努力，在教学实践中锲而不舍地探索追求。实现大学英语教师专业可持续发展的重要途径就是实行反思性教学。通过教学反思来发现教学过程中出现的问题，有针对性地研究和分析其存在的问题。只有找出引发问题的关键因素，才能更加客观地看待教学、评估教学，更好地认识自己的教学方案，认识自己的教学实践，促进对教学活动更丰富的认识和理解，达到教学实践和教育理念的和谐统一。

（二）反思性教学的分类

反思性教学是基于教学反思的教学过程，在实施反思性教学时，应注重进行合理的教学反思。合理的教学反思需要教师以研究者的态度去探索教学中的实际问题，发现存在的问题，并从不同的角度进行思考，尝试采用多种方法解决这些问题。教师应该定期、有计划地进行教学反思。为了成为成功的反思型教师，可以采用实践反思、叙事反思、合作反思和资源反思等策略。

1. 实践反思

实践反思的一种有效方式是行动研究。教师行动研究是教师对自身思维和行为的监控、调节与交互的过程。行动研究是循环往复的过程，通过探索新问题、解决新问题，不断提高教学水平。行动研究可以帮助教师在调整思维和行为活动的同时，发现教育教学实践中的问题，并通过实践解决这些问题，使教师从纯粹的实践者转变为教学理论的创造者和实践者。

2. 叙事反思

教师通过叙事反思的方式，以内隐或外显的形式记录并表达自己所经历的教育事件和相关感受，为今后的思考提供素材。叙事反思的最大价值在于能够让教师真正成为研究的主体，使得每个教师都能参与教育研究的过程。

教育叙事是讲述我们教育生活的故事，通过隐含或明确的方式传达其中蕴含的教育意义。在叙事的过程中，那些对学生和教师生活成长有着重要影响的微小细节将清晰地展现出来，同时也揭示了教师教育生活的发展与改善的可能路径。因此，教育叙事以故事的形式呈现，不同于一般的叙述，因为它揭示了复杂教育生活中微妙细节的启示，并且成为我们反思自身教育生活的实践。这种实践性知识有利于提高教师的专业素养。教师讲故事的过程是持续回顾、观察和发现过去、现在乃至未来教育生活路径的过程。

一个人探索周围世界的同时也在探寻自己的内心世界。通过参与教育叙事，教师能与自己亲身经历的教育生活进行对话，从而增进对教育生活的理解。这种对话使教师对教育生活的认识变得更加丰富多样，并因为融入了教师个人生命的痕迹而变得生动、有趣，充满了生活的气息。教师在教育叙事中发现和认同自己的教育生活，同时也是对教师人生丰富性和价值性的发现和认同，是对教师内在心灵世界的充实和丰富的探索。因此，教育叙事成为教师改变平淡无奇的日常教育生活的重要方式。

每位教师在自己的教学生涯中都会遇到许多值得思考、研究或回味的人和事。有些经历可能并不适合写成正式的论文，但又不希望它们仅仅停留在教学记录之中。这时，教学叙事成了一种很好的选择。因为教学叙事不仅仅是记录了教学行为，更记录了伴随行为而产生的思想、情感和灵感。它是教师个人的教学档案和经历，有着独特的保存和研究价值。

有经验的教师在谈及自己的教学经历时，往往会提到许多成功案例和心得体会。然而，这些经历常常只停留在具体的操作层面，我们知道了它们的做法，却未能深入了解其背后的原因和理论支持。教学叙事则是一种对教学实践进行反思的方式。通过选择适当的案例进行分析和思考，教师可以明确成功教学方法背后的指导思想，提炼出更加有效的教学行为。这对于改进教学和指导未来的教学实践具有重要意义。

教学叙事是描述教学情境的故事，不同人对这个故事会有不同的解读。教学叙事十分适合教师之间进行交流和研讨，也可以成为教研活动和校本培训的有益工具。在教学叙事中，教师可以分享自己在教学活动中遇到的问题、困惑，以及相应的想法、思路和对策等。这种交流和讨论十分有利于提升教师的教育能力和分析能力。

3. 合作反思

合作反思是大学英语教师进行反思性教学和专业发展的重要方式，其中包括参与式观察和合作教学等方法。参与式观察主要是通过相互听课的方式来观察和分析同事的教学活动。合作教学是指两名以上的教师同时教授同一个班级的学生。在英语教学中采用合作教学的方法可以帮助教师进行反思，促进教学合作和提高教师的专业素质，同时也有助于培养教师的团队精神。

合作反思是一个团队层面的概念，它强调团队成员公开反思团队目标、策略和程序以适应环境变化。这个概念最早由韦思特（West）于1996年提出，并得到了心理学和管理学领域的广泛关注。合作反思对团队创新和绩效的作用被学者广泛认可。高水平的合作反思环境可以确保团队内部正反两方面的意见得到充分的考虑和合理的处理，从而促进团队成员思维的创新性、发散性和批判性。在制订计划或决策的过程中，团队成员会深入讨论各种方案，并做出有利于团队整体利益的选择，从而提高团队的决策质量。尤其对于从事复杂工作的团队来说，合作反思更加重要。在面对非常规工作任务和不确定环境的情况下，对工作方法进行评价和反思是必要的。通过反思，团队能够识别到可能存在的问题和改进的空间，不断调整和优化工作方法，以应对变化和挑战。

合作反思的过程包括反省、计划和行动这三个步骤，其中反省被认为是合作反思中最为重要的一环。反省是指团队成员对过去的合作过程和结果进行深入思考和评估。合作反思包括一系列行为，如询问、计划、探索性学习、多视角探索、专业知识运用、对已完成的工作进行评估，以及采用新的思维方式来思考问题等。这些行为都有助于团队成员对合作过程进行反思和改进。

合作反思可以划分为任务执行前、任务执行中和任务执行后三个阶段。在任务执行前的反思阶段，团队成员主要考虑团队的目标、战略和程序，包括思考面临的问题的性质。在任务执行中的反思阶段，团队成员主要审视团队是否按照预设的轨道进行工作，即是否在做正确的事情和正确地做事。在任务执行后的反思阶段，团队成员主要评估团队取得的成绩和团队工作方式的效果。

合作反思是指团队成员对团队过程、决策和成果进行反思和讨论的一种行为。有的文献认为，合作反思是一种团队工作风格，需要时间和实践来培养和形成。然而，并非所有的研究都支持这一观点。有些研究表明，通过培训和干预，团队成员的反思行为和团队绩效可以得到改善。例如，另有学者提出了团队反思的干预方法，通过引导团队成员进行反思，帮助团队制订更有效的策略和行动计划，从而提高团队绩效。这表明，团队反思是可以被引导和控制的，而不仅仅是一种自然形成的行为。因此，合作反思的形成不仅取决于个体和团队的自主意愿和经验积累，也可以通过培训和干预来控制。培训可以提供反思的技能和工具，帮助团队成员更有目的性和系统性地进行反思。干预措施可以通过引导和激励团队成员进行反思行为，从而促进团队的学习和进步。

4. 资源反思

资源反思的方法主要有观看教学录像带和利用教师档案袋等方法。如同练习舞蹈的人需要一面大镜子，可以从中看到自己的形体是否优雅、动作是否到位、与其他舞者节奏是否一致，教师只凭借自己的回忆和日记或对课堂的记录不能做到十分客观准确，用摄像机把教学过程录制下来能起到"照镜正衣冠"的作用。课后教师浏览自己或其他教师的授课录像，"旁观者清"，可以发现一些平常不曾留意或重视的细节，也可作为反思最直观的资源。课堂录音更加简便，对于分析教师或学生语言课堂上的语音、语法、词汇等都可提供翔实的一手资料。

教师档案袋以专题的形式进行分类，教师本人通过回忆自己的教学观念、教学行为，对其进行反思，记录下自己过去的状况、现在的状况、进步及尚需努力之处。形成档案袋是一个长期的积累过程，也是教师对已有经验进行整理和系统化的过程。

教师档案袋里应该包括以下内容：①教师的教育哲学和教学理念。教师认为教和学应该是什么样的，怎样才能获得最佳教学效果，哪些因素会促进或者阻碍专业实践活动的进行。②专业实践活动的细节，包括课程描述、教学大纲、阅读书目、课后作业、专业实践过程、文献评估。③同行观摩笔记。不论是作为观察者还是被观察者，教师都应该在观察中或观察后做相关的记录。④反思日记。反思日记的内容既包括那些成功或达到预期的内容，也包括失败和意外的内容。⑤录像，包括录像和看完录像后撰写的反思笔记，如果有同行观摩，把相关的反馈也保存下来。⑥来自学习者的反馈。在专业实践活动中期或结束设计时搜集学习者对所学内容的评估及他们的感受，以及日常交流反馈。⑦学习者参与专业实践活动的样本，包括学生的作业、测验以及教师在上面的标注和批阅。⑧专业实践活动中使用的材料，包括发给学生的复印材料、概要、工作表及教师所采用的书籍书目。⑨教师在专业实践活动过程中所撰写的任何相关内容，包括教师在此期间发表的学术论文、材料，甚至在网络平台、博客上发表的文字。⑩参加的会议或培训，包括参会记录、参会收获、总结等。

教师档案袋需要日积月累，可以给教师提供一个自我评估和发展的基础；不断强化自己的优势、看清自己的劣势；强化专业对话，增强能力。

三、反思性教学的环节与功能

（一）反思性教学的环节

常规教学环节是指实施教学的客观程序，包括备课、教学和课后辅导等环节。常规教学中的备课环节主要包括教师针对具体教学内容进行教案制订、教材解读、教学资源准备等活动，为教学提供了基础和方向。课堂教学环节是常规教学的核心环节，它包括教师对学习目标的明确、教学内容的讲解、教学方法的运用、教学资源的利用等。课后的辅导、作业批改和考试是常规教学的延伸环节，教师在这一环节中主要关注学生对学习内容的理解、巩固和运用，对学生的学习进行反馈和指导，以巩固学生的学习效果。

与常规教学相比，反思性教学突出了教师的反思意识，并将反思与教学的整个过程相结合。反思性教学侧重于教师对教学过程和效果的思考和分析，以便更好地改进和提高教学。在反思性教学中，教师不仅关注教学内容、教学方法和教学资源的选择和运用，还注重对教学的问题和挑战进行分析和解决，以改善教学效果。

1. 反思性教学环节具有全面性

全面性是指课堂教学需要考虑和处理的各种因素之间的综合关系，确保教学的全面性和多元化。在课堂教学过程中，有许多因素会影响教学效果，如教师的教学内容、教学方法、教学资源等，还有学生的学习兴趣、背景知识、学习能力等。教师需要全面地考虑这些因素，使教学内容丰富多样，注重培养学生的多样化能力。全面性还要求教师综合运用不同的教学方法和手段，使学生能够在不同的学习场景中获得全面的学习经验。教师可以通过讲解、示范、引导、实验、讨论等多种教学方式，组织学生进行个体活动、小组合作和整体表现，以满足学生的不同学习需求。

在反思性课堂教学中，全面性还需要考虑到教学过程的评价和反思。教师可以通过多种方式对学生的学习情况和教学效果进行评价，从而及时调整教学策略和方法，确保教学的全面性和有效性。

2. 反思性教学环节具有全程性

在反思性教学中，反思贯穿于整个教学活动的始终。一方面，反思渗透于教学的全过程，调节每一个教学环节和局部的教学活动。另一方面，通过对教学工作完成后的整体结果的归因和评价，对该周期的教学工作实施总体的调控。

3. 反思性教学环节具有连贯性

反思性教学的一个重要特点是在每个教学周期中都有内在的连贯性。每个周期的反思和总结都为下一个周期的开始提供了准备和指引。在常规教学中，周期之间的联系通常仅限于教材内容的连贯性。如果涉及不同的教材内容，周期之间的联系往往只是形式上的。不同教学周期之间往往是独立的，教师在每个周期中只关注当前的教学任务，而缺乏对整体教学工作的思考。在反思性教学中，每个教学周期都是对上个教学周期思考和总结的结晶。教师会对教学工作中的信息进行收集、分析和评价，以及对教学实践结果进行归因和总结。这种思考和总结不仅能够解决当前教学问题和完成当前的教学任务，还能为将来的教学提供更理性的教学策略。通过不断的反思和总结，教师能够不断提升自己的教学理解力，更加有效地解决教学问题，提高教学质量。常规教学通常是机械地从局部、单一的某一周期上研究教学工作，着重于课堂教学的内容和形式。这种教学方法注重教师的教学技巧和知识传授，但可能忽略了教学过程中的反思和改进的机会。常规教学更注重教师的教导角色，而学生的角色通常是被动接受者。

相比之下，反思性教学是一种更全面的教学方法，强调教师整体的教学工作。它要求教师对教学生涯中的每一次教学活动进行不间断的阐释研究。反思性教学将教学活动纳入一个更大的整体中。通过不断的反思和研究，教师能够学会更好地教学，并稳步提高自己的职业技能。

反思性教学注重的是教师对教学过程的反思，包括对教学目标的设定、教学策略的选择、学生学习情况的了解等。教师不仅仅是知识传授者，同时也是学生学习过程的引导者和促进者。反思性教学鼓励教师主动思考和探索教学活动中的问题，并不断改进和优化自己的教学方法。

（二）反思性教学的功能

1. 整体优化功能

教学过程最优化是苏联教育家巴班斯基（Babansky）提出的一种教育观点。他主张在具体的教学情境下，在最短的时间和精力投入下实现最好的整体效果，即提高教学的实际效率。教学过程最优化的核心思想是认为课堂教学的各个组成部分和各种因素是相互联系的，单独优化某一环节、某一教学行为或某一教学条件无法带来整体的优化结果。

常规教学可能在局部教学活动和结果上实现了优化，但无法达到巴班斯基提出的要求，仅仅局部地优化某些教学环节无法真正提高整个教学过程的效果。反思性教学由于其全程性和全面性的特点，决定了它必然是整体（系统）的优化。反思性教学通过反思和总结教学过程中的种种因素和环节，不断优化和完善教学策略和教学方法，以提高整体的教学效果和学生的学习成果。通过系统地思考和总结，教师可以提高教学过程的效率和效果。

2. 动力功能

反思性教学是一种更加主动、深入地进行自我批判的教学方法。在反思性教学中，教师通过发展逻辑推理和审慎判断的技能，以及培养支持反思的态度，进行批判性的分析。这种教学方法鼓励教师评估自己的教学方法和效果，寻找改进的途径，并结合学生的需求和反馈进行调整。反思性教学注重教师的主动思考和行动，追求教学的创造性和个性化。

相比之下，常规教学更依赖于教师的有限经验。在常规教学中，教师可能倾向于重复使用简单的教学方法，凭借直觉和机械化反应来应对教学场景。这种教学方法可能较少考虑学生的需求和反馈，缺乏个性化和灵活性。反思性教学则是一种自觉能动的、有理性策略的教学实践。

3. 监控功能

根据心理学元认知理论，个体在认知活动中具有了解和控制自身认知过程的能力。反思性教学鼓励教师利用这一思维监控系统，通过反思指导和调整教学行为，适应不断变化的课堂教学。与常规教学相比，反思性教学的最大不同就在于其强调反思。常规教学往往机械固定，缺乏对全程的逻辑推理、审慎判断和批判分析。反思性教学通过反思思维从整体上监控教学过程并进行不断调整。

第二节　反思性教学与大学英语教师专业发展

一、大学英语教师进行反思性教学的必要性

反思性教学为大学英语教师提供了一个将实践操作与理论研究相结合的平台。在反思性英语教学过程中，教师审视、研究和整合自己教学实践中的各个要素。反思性教学的基本内容包括研究学习者对学习的认识和他们的基本认知方法，研究分析教学决策的方式与过程，思考教师在教学中的角色，反思自己的课堂组织方式。通过从多个角度发现问题、分析问题，并提出多种假设来解决问题，教师可以优化教学过程。

反思性教学将解决教学问题作为基本点。传统的英语教学方式以教师为中心，注重教师的教学工具和固定的教学方法，而反思性教学突破了这种固定模式。教师不再是传统的"教书匠"，而是变成了教学过程中的引导者和启发者。反思性教学的目标不再仅仅是让学生掌握书本知识和应试技巧，而是更注重培养学生实际运用英语的能力和培养学生的创新思维。为了达到这个目标，英语教师需要改革教学方法，并反思自己的教学行为。通过反思，教师可以发现教学中存在的问

题，并思考如何改进教学方法和策略，以更好地促进学生的学习和发展。

反思型教师对教育理论和实践持有一种健康的怀疑，他们不断发现问题、解决问题，并形成新的教学思想和进行教学创新。他们会对自己的教学活动进行客观的分析、评估和剖析，意识到存在的问题，并积极寻找解决问题的新方法和新途径。通过反思，教师能够激发学生学习的主动性和自主性，使他们"学会学习"。同时，教师也通过不断的反思改革教学方法，探索教学创新，使自己"学会教学"。这种学习与教学相结合的过程，可以帮助教师不断提升自身的教学实践能力，成为学者型教师。

二、反思性教学对大学英语教师专业发展的作用

（一）反思性教学能改善大学英语教师的理论素养

反思型教学是基于理论指导进行的教学方法，在教育理论、语言学、第二语言习得理论和实践方面，反思型教师经常持有健康的怀疑态度。这就意味着大学英语教师需要持续批判性地学习和反思领域内的知识，学会将程序性知识和诊断性经验系统地整合到自己的职业体系中，并以反思和前瞻的方式形成稳定的结合。在理论的重构与重建过程中，大学英语教师不仅积累了丰富的实践知识，还将那些在反思中已意识到但通常难以表达的"缄默知识"激活、评估、验证和发展，使其提升为"明白的知识"，从而显著提高了理论水平和专业能力。

（二）反思性教学能赋予大学英语教师一种主体地位

反思性教学对于大学英语教师来说具有革命性的影响。传统的教学方式往往是一种单向传递知识的过程，教师充当着知识传授者的角色，而学生则是被动接受者。这种方式容易导致教学效果的局限和学生对知识的浅化理解。然而，反思性教学打破了这种传统的教学模式。它强调教师应该成为学者型教师，通过探究和解决教学问题来提升教学质量。这意味着教师需要通过反思自己的教学实践，思考教学中所遇到的问题，并寻找相关的理论和实践来解决这些问题。通过这种方式，教师不仅能够提升自己的专业水平，还能够实现对知识的创造性解读和传递。通过反思性教学，大学英语教师不再局限于教学内容的传授，而是承担起解决教学实践问题的责任。他们能够进行深入的教育研究和教育改革，积极参与教学理念的创新和实践，同时也可以对自身的教学方法进行反思和改进。这种转变使教师成为主体，能够更好地将理论与实践相结合，提升教学效果。

在这种背景下，大学英语教师会主动检查和验证自己的价值和假设，以研究

者的眼光审视和分析语言教学中的各种问题，并科学地分析和评价自身的教学行为。大学英语教师作为研究者，需要能从自己的教学实践出发，基于已有的经验，以所学的理论为指导，反复观察与反思教学实践中的问题，以改进自己的教学行为和提高自己的教学水平为出发点，从检查、分析自己的教学行为开始，思考在接受新理论知识后所出现的变化，在实践中不断检验、修正、内化相关的理论和思想，建立和发展能解决教学实践的个人教学理论。随着这种理论的建立，大学英语教师的专业能力不断增强。

（三）反思性教学能提升英语教师的教学技能

与其他学科不同，英语课是一门实践性很强的课程，其语言技能的获得需要经过学习者的个人实践。所以，英语教学的教学效果应该从学习者的学习效果出发，而学习效果在很大程度上取决于学习者的主观能动性。

然而，反思这些年的英语教学可知，传统教学模式中的教师占据着主体地位，学习者只是充当了知识的接收器和存储器。当代实行的自主学习、合作学习、探究学习方式，为学习者开拓了更为广阔的学习空间。这些学习方式自提出以来，便被广大教师运用。从此，英语课堂也成了讨论的课堂。然而，如何才能在教学中激发学习者的学习热情，让学习者学会用中学、学中用呢？这一问题值得教师思考。教学本身是一个非常复杂的过程，就本质而言，教师不仅需要感知教学情境，还需要反思自身的内部认知过程，只有这样才能完成教师的教学计划、实践自己的教学活动、评述和分析自己的教学行为，并通过思考和探究周围看似平常的教学现象，反省自己的教育实践，从而创造出更符合自己教学特色的教学方法体系。

经过多次的教学实践之后，大学英语教师应该静下心来想想是否有明确的教学目标，是否可以从学习者的学习兴趣出发，结合学习者的心理特征，对自己的教学计划进行调整；是否习惯于展开教学反思，并通过写教学日志等总结自己的教学行为；是否对与工作相关的学术动向予以关注；是否能够对自己教学中存在的问题进行反思，并能够客观地进行调控和分析，找到改进自身教学的方法和策略。

（四）反思性教学能增强大学英语教师的科研能力

通常情况下，大部分大学英语教师在面临教学任务时，除非受到外部压力的影响，很少重视科研。然而，反思型教学的本质是追求更合理的教学实践。教师在日常教学中，会认真反思某些教学现象，并在教学前、教学中实施和验证，以形成对教学现象的新理解和新认识。这些新理解和新认识将成为他们撰写论文的坚实基础，并培养良好的反思习惯。这不仅有助于弥补教师教学实践中的不足，还能够反思教学实践，成为他们走上科研之路以及提升自身素质和职业能力发展的有力推动力。

（五）反思性教学能发挥教师的自主性和创造性

反思性教学是一种自我调整和成长的过程，通过对教学中各个环节的审视和反思，教师能够更好地理解、分析和解决教学中的问题。这种教学方法不仅能够提升教师的专业素养，还能够促进教学实践和经验得到更多的关注与应用。通过反思性教学，教师能够更加自主地进行教学调整和创新。他们能够不断地评估自己的教学效果，并根据评估结果进行相应的改进和变革。

同时，教师能够通过反思和总结自己的教学实践，从中发现问题、探索解决方法，并将这些经验和知识转化为实际的教学策略和方法。

（六）反思性教学能为教师提供终身学习的动力

反思性教学是建立在岗位、学校、具体情境的基础上的侧重问题解决的一种实践性教学新模式。反思性教学要求教师在教育过程中形成自己的教学理论与专业认知，通过不断地进行反思，教师对问题展开分析和研究，探究新的教学理论与方法，并将这些新的理论与方法付诸实践。

由此可见，反思性教学是为了保证教学实践的合理性而不断探索的活动，这就要求教师必须不断地进行反思与实践，从而找到适合社会与自己教学的方式和手段，不断地进行教学探究，提升自己的教学热情，为教师提供终身学习的动力。

（七）反思性教学能促进教师之间的互动和校企合作

一方面，教师个体的反思需要其他教师或者学校的支持，也就是说，教学反思并不是孤立的活动，而是相互关联的群体活动，是在群体互动中寻求个体发展的活动。因此，合作研究在教学反思中有着非常重要的地位，它是教学反思的一个重要形式，教师在与同伴的交流中获得鼓励，有助于增强自身的反思效果，加快教师专业化发展的进程。

另一方面，因为教师教育采用的是"工学结合"的模式，所以促进校企合作的能力也是英语教师提升自身素质和水平的重要表现。教学反思不应该局限在课堂与实训室，而应该扩大到社会上，特别是与自身教学相关的企业之中，通过与企业内部人员的交流与活动，不断提高自身教学的合理性，培养出适合社会发展的应用型英语人才。

第三节　基于反思性教学的大学英语教师专业发展路径

反思性大学英语教师专业发展路径有很多，如教学报告、教师专业实践档案、微格教学、学生反馈、调查与问卷、个案分析、专家听课、学术研讨会等，下面就对这些路径进行详细介绍。

一、教学报告

教学报告的主要内容是教师对自己课堂教学中的主要特点进行的描述，目的是监控自己的课程教学实施过程、教学时间分配以及教学效果。

教师可以提前对报告的格式、内容进行设计，在课堂教学结束之后直接填写表格。此外，教师可以选择相对简单的教学报告法。在一节课结束之后，教师可以针对如下六个问题来进行回答。

①这节课的教学目标是什么？

②在课堂上学生真正学到了什么？

③教学过程是什么？

④对教学过程中遇到的问题是如何处理的？

⑤课堂上哪部分最成功？

⑥如果这节课重新教一遍，教师会采取怎样的做法？

教师将上述问题的答案记录下来，可以作为以后分析教学以及进行反思的素材。实际上，教师对问题进行回答的过程就是一个自我反思的过程。

二、教师专业实践档案

专业实践档案是记录教师个人教学科研等专业实践的具有结构性和持续性的文献资料。建立档案的过程就是教师对已有的经验、问题进行归纳整理的过程，是自己专业成长的积累过程，也是自我评价的过程。

建立专业实践档案的目的是促进教师反思，引起教师对专业实践过程中细节合理性的重新思考，并重构自己的行事逻辑和思维方式。

很多学者都肯定了建立教师专业实践档案对教师专业实践反思的重要意义。例如，美国作家罗伯特·惠特克（Robert Whitaker）认为，建立专业实践档案的过程能够鼓励教师持续地对自己的专业进行反思，而不是简单地记录自己的专业实践活动。此外，因为档案里也包含了大量的学生在教师专业实践活动中的表现，所以为教师专业实践活动的素材积累和反思提供了全面翔实的资料库。

美国学者詹姆斯·格林（James Green）和谢丽尔·斯迈泽（Sheryl Smyser）也认为形成教师专业实践档案是一个持续进行的过程，它给教师提供了一个自我评估和发展的基础，鼓励教师不断积累、强化自己的优势，并找出需要改进的地方，通过反思取得专业进步。此外，教师专业实践档案鼓励教师进行专业对话，共同取得进步。

教师专业实践档案的编撰对于教师专业实践反思的意义如下。

①教师能够重新观察和审视自己的专业实践过程。

②教师能发现自己专业实践过程中的不足。

③教师可以找到自己专业实践的理论和策略支撑。

④教师能对自己的专业实践活动承担责任。

⑤教师可以依据专业实践档案制定未来的专业实践方向和目标。

⑥教师能通过审视专业实践档案肯定自己在专业实践活动过程中的冒险精神和探索精神，同时发现自己在专业方面取得的进步和发生的改变。

三、微格教学

微格教学是指教师运用摄像机，将自己作为反思对象的某个教学方面记录下来，之后以旁观者的视角来分析，发现教学中的问题，寻求这些问题的解决方案。

微格教学是一种对教师教学行为进行观察和分析的方法。教师可以通过录制自己的教学片段，并进行反思以改进自己的教学方法和技巧。

观察自己的教学片段可以让教师从外部的角度看自己的教学，发现自己的优点和问题所在。同时，教师也可以通过观察其他教师的教学片段，学习他人的成功经验和教学技巧，从而进一步提高自己的教学水平。

此外，微格教学还可以促进教师之间的交流和合作。教师可以根据自己的反思问题和需要，与其他教师进行讨论和交流，分享彼此的观察和经验，共同探索解决问题的方法和策略。

四、学生反馈

学生反馈是从学生身上获取信息，将这些信息作为调控教学的依据，这不仅可以了解学生的学习状况，而且能够了解自身的教学优缺点。在英语教学中，教师获取学生反馈信息的有效途径有学生评教、师生座谈、测试成绩、调查问卷等。通过学生的反馈信息，教师反思自己的角色与教学方法。

另外，通过反馈信息，教师可以分析相关的数据，获取更明确的、更多的信息。可见，在英语教学中，学生反馈是大学英语教师专业发展的一个有效途径，可以大大促进教师的自我提高，使其对自己的课堂进行优化，也能使师生之间的关系更加融洽，推动学生的自主学习以及教师的专业化发展。

五、其他反思路径

除了上面提到的反思路径之外，大学英语教师还要重视下面这些反思路径。

（一）调查问卷

调查问卷可以是教师对学生的小范围调查，也可以是在更大范围内进行的全面调查。通过调查问卷，教师可以获取学生的反馈和意见，了解他们的学习态度、学习需求以及对教学的评价，从而更好地调整教学策略，提高教学效果。

调查问卷可以涵盖多个方面的内容，如学生对教学内容的理解程度，对教材的适用性、教学方法和教学环境的满意度等。通过分析问卷结果，教师可以对自己的教学行为进行反思和改进，针对学生的需求和问题进行有针对性的教学设计，提高教学的质量和效果。

此外，通过广泛的调查问卷，可以收集更多学生的意见和反馈，为学校和教育决策者提供参考，了解整体教学质量和改进方向。这对于提升教学水平和满足学生的学习需求都具有重要意义。

（二）个案解析

个案解析是英语教师反思性专业发展的一个有效途径。通过对个案的分析和讨论，教师可以学习和借鉴他人在教学中的成功经验和有效策略，以提高自己的教学能力。教师可以通过参加讲课竞赛、教学竞赛等活动，观摩优秀教师的授课过程和教学方法，同时与其他教师进行交流和分享。这样可以帮助教师发现自己在教学中存在的问题和不足之处，并通过借鉴他人的经验和意见来改进教学方法和提升教学效果。

（三）专家听课

学校可以通过聘请有丰富经验的教师进行督导或邀请业务过硬的专家进行听课和指导，来促进大学英语教师的专业化发展。这种方式可以为教师提供宝贵的指导和建议，帮助他们不断提高自身的教学能力和反思能力。以下是三种具体的方法和实践。

1. 督导和指导

学校可以聘请有丰富经验的英语教师或教育专家作为督导，给予教师专业指导和反馈。督导可以针对教师的教学计划、教材使用、课堂管理、教学方法等方面进行评估和建议，并提供具体的改进措施。

2. 听课和评价

学校可以邀请业务过硬的专家或其他英语教师进行听课，并对教师的教学进行客观的评价。评价可以包括教学策略的合理性、教学内容的传递、教学活动的设计等方面，以帮助教师全面了解自己的教学情况，发现不足之处，并进行改进。

3. 反思和提升

学校可以鼓励教师进行教学反思，通过自我评价、讨论和团队合作等方式，提高教师对自己教学的认识和理解。同时，学校还可以组织教师参加专业培训或研讨会，提供学术资源和学习机会，帮助教师不断提升自己的专业水平。

（四）学术研讨会

学术研讨会确实是学校利用反思的方法来促进和提升教师专业化发展的一种方式。在学术研讨会上，不同学校的英语教师可以提出自己在教学中遇到的问题或者发表自己的看法，然后通过共同讨论，来寻找解决问题的办法。学术研讨会提供了一个平台，使教师可以相互学习、互相启发。教师可以分享自己的教学经验，探讨教学中的挑战和困惑，并通过集思广益的方式，共同寻找解决方案。这种互动和协作的过程有助于教师深入思考自己的教学实践，并从中获得改进的机会，或者也可以将某些经验分享给大家，让更多教师获益。

总之，教师在大学英语教学中的反思是一个多层面、多维度的过程。在具体的实践中，教师可以根据自身的实际情况，采用其中一种或综合使用几种反思路径来指导自己的教学活动。

第四章　大学英语教师专业发展与信息素养提升

信息素养是指个体对信息的获取、处理、分析和利用的能力。在大学英语教学中，信息素养的提升对教师的专业发展至关重要。随着互联网、智能设备和在线教育的兴起，教师需要更加熟练地运用信息技术，善于利用各种信息资源来支持教学，并能够帮助学生发展信息素养。本章围绕信息素养概述、大学英语教师信息素养现状、基于信息素养提升的大学英语教师专业发展策略等内容展开研究。

第一节　信息素养概述

一、信息素养的概念

信息素养自诞生以来，随着时代的变迁和技术的进步，其内涵也在不断扩展和变化，不同时期的人们赋予了信息素养不同的含义。与此同时，很多国际组织和研究机构也将信息素养列为一项重要的研究课题，对其做出了多样化的定义。

（一）英国图书馆与情报专家学会给出的定义

英国图书馆与情报专家学会给出了信息素养的定义：信息素养是能够批判性思考并且能对发现和使用的信息进行平衡判断的能力，信息素养让我们作为公众有权利去获得和表达有见识的见解，并且充分融入社会。

在这个定义中，信息素养是一系列技巧和能力的集合，帮助人们完成与信息相关的任务。这些技巧和能力包括发现、获取、理解、分析、管理、创造、沟通、存储和分享。

除此之外，还包括批判性思维、信息伦理以及信息法律等相关的内容。信息素养可以帮助人们理解在利用信息时的伦理和法律问题，如个人隐私、数据保护、信息自由、开放获取和知识产权等。

（二）英国国立和大学图书馆协会给出的定义

英国国立和大学图书馆协会将信息素养定义为人们能够以符合伦理道德的方式收集、利用、管理、合成和创造信息及数据的能力，以及高效完成上述任务所需的一系列信息技巧。

（三）日本产业标准调查会给出的定义

日本产业标准调查会认为信息素养是一个人在数字化社会中生存、学习和工作所应该掌握的一些能力。

（四）联合国教科文组织给出的定义

联合国教科文组织认为信息素养是与信息需求相关的知识，用来识别、定位、评估、组织以及高效创造、利用和交流信息的能力。它是有效参与信息社会的必备条件，是人在终身学习方面的一项基本人权。

（五）美国大学与研究图书馆协会给出的定义

美国大学与研究图书馆协会在 2015 年发布了《高等教育信息素养框架》。该框架提供了对信息素养的定义和发展的理解。

在该框架中，信息素养被定义为一组综合能力，包括对信息的反思性发现、对信息如何产生和评估的理解，以及利用信息创造新知识和合理地参与学习团体。这种综合能力不仅仅是掌握基本的信息搜索和筛选技巧，更强调对信息的深入理解和运用。

具体而言，这个框架强调了以下关键要素。

信息如何被创造和传播：了解信息是如何由各个领域的专家通过特定的方法和渠道进行创造和传播的。

信息评估：学会批判地评估信息的可靠性、权威性和相关性，了解信息的局限性和可能的偏见。

信息搜索和发现：掌握有效的搜索策略和工具，能够迅速、准确地找到自己需要的信息。

信息应用：将获得的信息进行整理、分析和应用，运用信息来支持自己的学术研究和解决问题。

信息伦理和法律：了解信息使用中的伦理和法律问题，包括引用和知识产权等方面的准则和规定。

二、信息素养的系统

（一）信息能力

维基百科上有一个概念"Unknown Unknown"，大意是说，如果你不知道某一个东西，你也不会知道自己不知道。在现实生活中，我们经常会遇到这样的情况。当你去探究某一个问题、某一个概念、某一条信息或者某一项主题时，最大的问题不是问题本身，而是你的"Unknown Unknown"。当你搜遍互联网，检索了大量书刊、论文或数据库等信息资源后，最终的收获并不在于你解决了这个问题，而是你通过解决这个问题，获得了意想不到的收获和启发。如最直接的收获是在信息检索方面，你还知道了以后遇到类似的问题去哪儿找，而且能最快、最有效地找到你要找的信息，知道了哪些网站是寻找这个领域信息的最有效、最前沿、最有价值的网站，哪些书是该领域最经典的书，哪些期刊是研究这个专业最权威、最核心的期刊等。除此之外，更有价值的收获是，也许你暂时并没有意识到，一次看似平常的信息检索工作之旅，在你未来的生活和学习中，会突然不经意地点燃你的智慧之火。

信息能力包括信息技术的使用能力、信息获取能力、信息处理能力及信息表达能力等。

1. 信息技术使用能力

信息技术的使用能力是信息素养能力的基础。能否使用信息系统是最基本的要求，具体包括以下六种能力：①能否安装与启动信息系统进行工作；②能否对信息系统进行准确无误的操作；③能否进行信息系统的日常维护和保养；④当出现故障和问题时，能否对出现故障的原因进行判断，进行必要的处理；⑤能否按照工作需要选择合适的软件系统，并准确熟练地使用；⑥能否使用一些软件进行开发工作等。

2. 信息获取能力

使用信息技术的目的是从海量的信息中获取对自己有用的信息，因此信息获取能力是信息素养能力中最重要的因素，它主要包括以下五个方面的能力。

（1）信息资源的查找能力

信息资源的查找能力是指个体能够灵活运用各种检索工具和技术，如搜索引擎、数据库、图书馆目录等，有效地查找到所需的信息资源的能力。这包括了解并选择合适的检索策略和关键词，以及对搜索结果进行筛选和评估的能力。

（2）信息资源的收集能力

信息资源的收集能力是指个体能够有效地收集和获取所需的信息资源的能力。这包括使用合适的方法和工具，如订阅邮件列表、关注社交媒体、进行问卷调查等，以获取相关信息的能力。

（3）信息资源的理解能力

信息资源的理解能力是指个体能够准确理解所获取的信息资源的意义和内涵的能力。这包括深入阅读和研究所获取的文献、报告、文章等，并理解其中的概念、观点和论证的能力。

（4）信息资源的评价能力

信息资源的评价能力是指个体能够客观地评估所获取的信息资源的质量和可靠性的能力。这包括考虑信息来源的权威性、准确性、时效性等因素，并判断信息的可信度和可用性的能力。

（5）信息资源的选择能力

信息资源的选择能力是指个体能够根据自身需求和目标，有目的地选择适合的信息资源的能力。这包括对多个信息源进行比较和权衡，选择最适合自己的信息资源的能力。

3. 信息处理能力

信息处理能力在现代社会中非常重要，它涉及对获取的信息进行整理、分析和加工，以便更好地应用于实际情境，具体包括以下五个方面的能力。

（1）信息分类能力

信息分类能力是指个体能够将各种信息进行分类，以方便后续的处理和使用的能力。通过对信息的分类，个体能够更好地管理和组织信息，提高信息的整合度和利用效率。

（2）信息统计分析能力

信息统计分析能力是指个体能够使用统计方法和工具对信息进行分析，揭示信息中的规律和趋势的能力。这种能力可以帮助个体从大量的数据中提取关键信息，并做出准确的判断和决策。

（3）信息重组能力

信息重组能力是指个体可以将获取到的信息进行重新组织和整合，以创造新的知识和见解，并形成更有价值的信息产品的能力。这种能力涉及信息的梳理、归纳、总结和提炼等方面。

（4）信息编辑加工能力

信息编辑加工能力是指个体能够对信息进行编辑和加工，以使其更适合特定的目标和受众的能力。这包括对文字、图像、声音和视频等多种形式的信息进行编辑处理，以达到更好的传达效果的能力。

（5）信息存取能力

信息存取能力是指个体能够有效地存储和检索信息，以便在需要的时候快速获取和利用的能力。这种能力涉及信息的组织和管理，包括使用电子设备和软件工具进行信息检索和管理的能力。

4.信息表达能力

人类在社会中扮演着信息的生产者和传播者的重要角色，因此，信息表达能力变得至关重要。具体来说，信息表达能力包括以下三个方面。

（1）信息生成能力

信息生成能力是指个体能够理解、消化和加工各种信息，从而产生新的知识和见解的能力。这种能力涉及分析思考、创造性思维和逻辑推理等方面。

（2）信息表达能力

信息表达能力是指个体能够将自己的想法、意见和观点有效地传达给他人的能力。这包括口头和书面沟通，以及使用各种媒体工具进行信息传递的能力。

（3）信息报告能力

信息报告能力是指个体能够清晰地组织和呈现信息，使其易于理解和接收的能力。这包括有效的结构化、逻辑性、准确性和简洁性等方面。

这些能力的提升对于个体在学习、工作和社会交往等方面都具有重要意义。通过不断提升信息表达能力，个体可以更好地与他人沟通和合作，有效地传递自己的思想和观点，从而更好地适应和参与社会发展。

（二）信息意识

信息意识即人的信息敏感程度，是人们对自然界和社会的各种现象、行为、理论观点等，从信息角度进行的理解、感受和评价。信息意识的强弱决定了获取、判断和利用信息能力的自觉程度。在日常生活中，处处都可能隐藏着有效信息，只要我们具有较强的信息意识，留心观察生活，就会有所收获。

信息意识包含三个层面，即信息认知、信息情感和信息行为倾向。同时，信息的判断力、持久的关注力和敏锐的观察力在某个时刻也是事业成功的关键。一个具有强烈信息意识的人，除了对信息要保持持久注意的心理倾向，更重要的是对信息价值要保持敏锐的判断力和洞察力，面对浩繁、无序的信息，要能够去粗取精，去伪存真。

1. 敏锐的观察力

对信息的敏锐观察力是指人们面对所需要的信息表现出来的敏锐程度，主要表现为反应力（或应变能力）。

信息反应力是指在获取信息、利用信息时人们的心理反应。当需要信息的愿望越强烈，信息意识就越明确，能动性、自觉性也就越强，就会主动对相关的信息源进行观察，从而能够对自己所需要的信息进行获取。

应变能力既有先天的部分，也有后天培养的部分。人们对信息的应变能力是有差别的。如不同气质类型的人，每个人化解危机的反应不尽相同：多血质气质类型的人就比黏液质的人化解危机的能力要高些，这是与生俱来的、先天的因素形成的。当然也可以通过后天的培养来获得。例如，通过学习掌握了必要的知识，武装了头脑，在生活实践中积累了丰富的经验，就会更加从容地化解危机。应变能力是具有可塑性的，可以通过相关训练来提高和加强。

应变能力是指个体或组织在外界事物发生改变时所做出的反应，有时是本能的，有时是经过大脑思考后做出的判断和决策。《中国卫生管理词典》中有对"应变能力"条目的解释：适应时事或应付事态变化的主观条件；主要反映在应变的全过程，应变过程即变化信息的输入—对信息的分析认识—做出应变决策—组织应变措施实施—检验应变效果。应变能力是当代人应具备的基本能力之一。

（1）信息应变能力表现在五个方面

①前瞻力：对信息具有前瞻性判断力；②应对力：能在信息变化的环境中产生应对的创意和策略；③持久力：能认清事物发展变化的趋势和本质，能在纷繁复杂的动态变化中明辨方向，持之以恒；④应变力：善于审时度势，按照不同情况做出判断，随机应变；⑤适应力：能适时分析变化中的信息环境，迅速地做出必要调整，进入适应状态，并循序渐进，不断提升适应能力。

（2）信息应变能力培养的途径

①场景训练。可以模拟随机性强的场景或环境变化来适应或训练应变能力。信息应变能力一般指遭遇突发事件、意外状况或危机情况时必须拿出应急方案或解决紧急事件的办法，可以结合危机管理培养必需的预案意识，并可以积极付诸行动，而不是纸上谈兵。②危机管理意识训练。信息应变能力与环境变化之间关系密切，当外界环境发生变化时，就是考验人们的危机意识和应变能力的时刻，

要做到未雨绸缪。泰然时要有忧患意识、危机意识。做事要有前瞻性是信息应变能力的基础，也是危机预警体系的第一原则。所以，危机意识和预控能力是至关重要的。因为导致危机产生的关键在于危机主体缺乏危机意识和有效的预控能力，很多危机的发生、危机事态的扩大，主要原因是人们欠缺危机意识。③实践训练。在实际的工作和生活实践中，必然会遇到各种各样的困难和问题，解决这些困难和问题的过程，就是增强信息应变能力的过程。学会与人沟通、交流、互动，逐步提高自己在各方面的应变能力，积极尝试和体验各种业务，提升自己的生存技能，在一定程度上也是不断提升信息应变能力的实践过程。

2. 信息的判断力

判断力是人们对人、对事物、对概念、对信息、对知识、对现象、对本质、对问题等，在感知、判断、记忆、想象、警觉、预判、推断的基础上做出判别、决断、选择并给出结论的能力。判断力是一个综合能力，它包括一个人长期积累形成的习惯性的常识判断、应急判断、超常判断等。

从判断力的结构来看，至少分为两部分：一部分是反思性的判断力；另外一部分是规定性的判断力。判断力的这种结构能力，使得人类在面对问题做出判断时既要有理性，又要有灵活性；既要积累，又要不断培养。

判断力的要素包括以下四个方面：①知识积累、信息综合；②感知能力、专注能力；③推理能力、估测能力；④冷静思考、自我约束。

信息的判断力指人们对信息的真、善、美做出适当、科学、合理的判断能力。信息的真包括对真实、正确、科学的判断；信息的善包括对价值、意义、善恶的判断；信息的美包括对适当、意蕴、和谐的判断。在日常的工作和学习中，积极培养这些特质，人就可以获得高度敏锐的悟性和判断力，就可以对事物的本质进行洞悉，并以恰当的方式对问题加以处理。

3. 持久的关注力

信息的关注力是指人们对信息深层次的观察能力和关注程度，包括信息背后隐藏的信息内涵，主要涉及对信息的判断力、对信息解读的准确性、对信息判断的前瞻性。透过现象看本质，通过对信息的持久关注，可以看穿信息表面而进入其深层或底层。

信息的关注力与人们对信息对象的认知、情感和行为动机具有十分密切的关系。通常来讲，人们对信息对象认知得越清楚，关注力就越强，越能看清楚信息对象的本质；人们对信息对象的情感越深，对其内涵关注的结果就越丰富；人们对信息对象的行为动机越明确，信息关注的过程就越简捷。

信息关注力是一种包含认知、分析、判断、评估、预测等的综合能力。这种以判断力为特质的信息能力是人类面对事物、问题、现象等做出合理判断的能力。对信息价值的判断力和关注力，对解决问题、消除难题、完成工作、推动事业的发展至关重要。一个具有强烈信息意识的人，必然对信息具有敏感、持久的关注力，有着对信息的心理倾向性，更有着对信息价值的判断力和关注力。在信息社会，面对繁杂的信息，人们必须学会去粗取精，去伪存真，善于识别，并正确做出选择和判断。

（三）信息知识

1. 信息知识的内涵

信息知识既是信息科学技术的理论基础，又是学习信息技术的基本要求。只有掌握信息技术的知识，才能更好地理解与应用它。信息知识是指对信息基本常识的了解，包括信息文化知识，各种信息检索工具、检索方法等知识，计算机和网络技术常识以及信息法规知识。

2. 信息知识的主要内容

（1）传统文化素养

传统文化素养包括读、写、算的能力。进入信息时代之后，读、写、算的方式产生了巨大的变革，被赋予了新的含义，但传统的读、写、算能力仍然是人们文化素养的基础。信息素养是传统文化素养的延伸和拓展。在信息时代，快速阅读的能力，是有效地在各种各样的海量信息中获取有价值的信息的根本保障。

（2）信息的基本知识

信息的基本知识包括了对信息的理论知识的掌握，对信息与信息化的性质、信息化社会对人类的影响、信息的方法与原则等方面的认识和理解。

首先，对信息的理论知识的掌握是信息素养的基础。这包括了对信息概念、信息传播与传递、信息存储与检索等方面的理解。了解信息的特点、属性以及信息的传播规律，有助于人们更好地理解和应用信息。

其次，对信息与信息化的性质、信息化社会对人类的影响有深刻的认识。信息化社会对人们的生活、工作和学习产生了深远而广泛的影响。了解信息化社会的特点、信息技术的发展趋势，以及信息化对社会、经济、教育等领域的影响，有助于人们适应信息化发展的需求，更好地利用和应用信息。

最后，了解信息的方法与原则也是信息素养的重要组成部分。信息处理和应用的方法包括信息分析综合法、系统整体优化法等，这些方法有助于人们有效地处理和利用信息，提高信息的价值和效益。同时，了解信息的基本原则，如信息的真实性、准确性、可靠性等，有助于人们在面对信息时做出准确、合理和可信的判断。

（3）现代信息技术知识

现代信息技术知识包括了信息技术的原理、作用、发展及未来的发展趋势等方面的内容。

首先，了解信息技术的原理是理解和应用信息技术的基础。这涉及计算机的基本原理、网络通信的技术、数据库管理系统的原理、软件开发的方法等。理解这些原理，可以帮助人们更好地理解和运用各种信息技术。

其次，了解信息技术的作用。信息技术在各个领域都有着重要的作用，如在商业领域中的电子商务、在教育领域中的远程教育、在医疗领域中的电子健康档案等。了解它们的作用，有助于人们更好地应用信息技术解决问题和创造价值。

最后，了解信息技术的发展及其未来的趋势也是重要的。信息技术随着科技的发展不断演进，新的技术不断涌现，如人工智能、大数据、云计算等。了解信息技术的发展趋势，可以帮助人们抓住机遇，做好准备，为未来的发展做好规划。

（4）外语

在互联网上，英语是使用最为广泛的语言之一。为了实现跨国交流和沟通，我们需要了解国外的信息并表达我们的思想观念。

为此，学习掌握一两门外语是非常重要的。掌握外语可以帮助我们更好地理解和获取国外的信息资源，拓宽我们的知识范围。同时，通过外语表达我们的思想观念，可以更好地与国际社会进行文化交流和合作，提高我们的国际影响力。适应国际文化交流的需要，掌握外语不仅能为个人的职业发展提供更多机会，而且对于国家和社会的发展也具有重要意义。随着经济全球化和多元化的趋势，掌握外语的人才将能更好地适应国际竞争和合作，为国家的发展做出贡献。

（四）信息创造

信息创造是信息素养的能动要素。信息创造是人们获取信息、整合信息、吸收和利用信息、创造新知识的过程。信息创造和一个人的知识积累、创新意识、创造才能密不可分，同时也在一定程度上体现了一个人信息素养的高低。

创新是创造的动力，创新是人类对已有事物、观念和方法的开拓和改进而进行的能动反映。创新是人类对于陈旧事物的打破和再造。

方法创新是信息创造的基础，思维创新是信息创造的前提。影响哲学社会科学方法创新的因素可分为主体因素、保障因素、动力因素三类。这三种因素同样可以作为方法创新举措的三个维度，即提升创新主体的创新意识和主观能动性，加强创新环境优化及创新团队建设，加大创新基金投入和激励机制创新。

1. 独立思考是创新的源泉

数学家华罗庚先生是自学和独立思考的典范，他认为任何一个人，都必须养成自学的习惯，即使是今天在学校的学生，也要养成自学的习惯，因为迟早有一天会离开学校。自学，就是一种独立学习、独立思考的能力。行路，还要靠行路人自己。独立思考的能力，对于从事科学研究或其他任何工作，都是十分必要的。历史上任何科学上的重大发明创造，都是由于发明者对这种独立思考精神进行了充分发挥。

2. 培养科学创新精神是创新的保障

科学创新精神是指具有求知和探索精神，这是信息创新的动力，是人们从事一切科学认识活动的原始动力。理性的怀疑与批判精神是科学精神的核心与灵魂；创新精神是科学的内在要求和本质；求真务实精神是科学认识的基础和出发点。知识的问题是一个科学的问题，来不得半点虚伪和骄傲，需要诚实和谦逊的态度。

科学创新精神的核心则是实事求是的态度、实事求是的作风、实事求是的精神。

3. 教师的创新意识和创新能力是培养创新人才的前提

在新的时代背景下，创新已经成为人才必须具备的重要能力。学生信息素养的提高是实现素质教育目标的一部分，而教师的角色十分关键。教师需要强化自身的信息素养，具备创新意识和创新能力，这样才能更好地指导学生，全面实施和推动素质教育。教师是学生的榜样和引路人，在信息时代，教师首先要具备良好的信息素养。这包括熟悉并灵活运用信息技术工具，能够快速获取和处理信息，具备信息获取、评估、组织和传播的能力。

同时，教师还应具备批判性思维和创新思维，在面对复杂问题时能够提出新的解决方法和创新观点。教师的创新能力也包括教学方法的创新，能够设计和实施有趣、能启发和激励学生思考的教学活动和任务。教师的信息素养和创新能力不仅能够提高他们对信息化教育的理解和运用能力，也能够为学生树立良好的榜样。通过引导学生进行研究性学习和自主学习，教师能够激发学生的求知欲和创新潜能，培养学生的创新意识和创新能力。教师的创新能力还能够促进教育方法和内容的更新，推动素质教育的全面发展。

强化教师的信息素养，使每一位教师既可以是信息的需求者，又可以是信息的提供者，能够在互联网上学习讨论、交流信息，形成一个高效的信息增值网络，有利于改善教师的知识结构，促进教师的专业化发展。

（五）信息伦理

信息伦理要求信息的组织和利用、信息交流和传递的目标与社会整体目标相一致。这意味着在进行信息活动时，要考虑社会的福祉、公平和公正的原则，尊重他人的权益和需求。信息伦理还要求遵守信息法律法规，包括版权法、隐私法、信息安全法等。这意味着在使用和传播信息时，要遵循法律的规定，不侵犯他人的知识产权和隐私权。信息伦理也要求抵制信息污染，包括不传播虚假信息、不散布有害信息、不进行网络欺诈等。保持信息的真实性、可靠性是信息伦理的基本要求。

在当今社会，网络带来了前所未有的海量信息，对人们的生活、学习、观念、行为带来了巨大的影响，在一定程度上挑战了原有的习俗、规范、法律、道德等，对人们的信息伦理道德修养提出了更高的要求。由于网络固有的开放性，网络上的信息良莠不齐、鱼龙混杂。垃圾信息、不健康的信息、错误的信息乘虚而入。不文明、不健康的信息正影响着广大网民的认知习惯，有些网民甚至因缺乏自律和伦理道德，擅自发布不良信息，出现不尊重他人知识产权等现象。正如在不同的环境下，人们需要不同的社会行为规范来维持社会秩序稳定一样，在信息化社会，需要靠信息伦理来约束和规范人们的行为。

三、信息素养的特性

（一）信息素养的普遍性

信息素养的普遍性是指在信息社会中，信息素养普遍存在于社会的各个领域，属于人们的一种基本素养。在信息社会，信息是一种普遍存在的重要资源。人们的工作和生活离不开信息，要经常接触各种信息系统，遇到问题常常想到利用信息技术去寻找答案与帮助，在与他人交流时也离不开信息技术，在信息技术方面没有绝对权威。由于信息技术的普及，人们可以通过学校教育，也可以通过自学提高信息技术水平，培育信息素养。

（二）信息素养的层次性

信息素养具有层次性，指的是人们与信息技术应用的密切程度不同，对信息素养的要求也不同。根据使用者与信息技术的关系密切程度，可以将信息素养分为三个不同层次：公民信息素养、职业应用者信息素养和专业开发设计者信息素养。

公民信息素养是最基本层次的素养，所有在信息社会中生活的人都必须具备的素养。它涵盖了基本的信息获取、分析、评估和应用能力，可以满足个人的基本生存需求。公民信息素养是培养其他两个层次信息素养的基础。

职业应用者信息素养是指人们为了更好地从事某种职业所需要具备的应用信息技术的素养。在这个层次上，人们通常需要系统地了解信息技术的工作原理，掌握通用的工具软件，并熟悉某类特定工具软件的各种特殊信息。他们应具备较强的信息应用能力，能够充分发挥软件工具的功能，制作和开发与自己职业相关的各种信息产品。这类人员将是信息社会利用信息的主流人群。

在职业应用者中有一类是专业从事信息技术系统开发设计的人员，属最高层次。这类人员以信息技术系统的开发设计作为职业或爱好，通常要求具有十分强烈的信息意识；具有高度的信息伦理道德修养；更加强调信息理解、信息选择、信息批判、信息搜集、信息处理、信息生成、信息表达等方面的能力，并应具备较强的程序设计与系统设计能力，从而能够不断开发出新的信息产品，推动信息技术的发展。

（三）信息素养的操作性

信息素养的培育、提高和评价过程最终都体现在人们对于信息技术系统的实践操作层面上。首先，信息素养的培育离不开大量的实践操作。其次，就信息知识的掌握而言，只有通过具体的操作，把抽象的知识具体化，把深奥的信息技术转化为实践行动，才能使人们对知识有更深刻的认识与理解。信息意识和信息能力只有通过不断地实践，才会逐步提高，从而形成捕捉信息的敏锐性、筛选信息的果断性、评估信息的准确性、交流信息的自如性和应用信息的独创性。最后，信息伦理道德的好坏，要看在实践中能否遵守各项法律法规，是否遵守网络文明公约，是否尊重他人的劳动成果等。

（四）信息素养的发展性

信息素养的发展是一个永无止境的过程。随着信息技术的不断发展，人们对信息素养的要求也不断提高。从最初的计算机程序设计能力，到如今涵盖信息意识、信息能力、信息知识与信息伦理等方面，信息素养的内涵正在不断扩展和深化。信息技术的发展也带来了信息素养内涵的不断发展。信息技术从电子管计算机到集成电路计算机，每一次技术的更新都要求人们具备更先进的知识与能力。

信息社会的到来更加突出了信息素养的重要性，如信息搜索、评估、组织和利用的能力，以及对信息伦理道德的关注等。随着信息技术的不断发展，信息素养的内涵也将持续发展。个人信息素养的发展需要个人的不断学习与提高。只有不断学习和适应新的信息知识和技能，才能与信息社会的发展保持同步。个人不断学习和自我发展是信息素养不断提高的保证。通过学习，个人能够掌握新的技能和知识，提高信息的获取、处理和传播能力，并且能够更好地适应信息社会的变化和挑战。

四、信息素养的目标

（一）信息使用者方面

1. 加强守法与自我保护意识

法律是规范人类社会的共同约束与规定。我国制定这些法律的根本目的是保障信息存储与传播的安全与畅通，从而维护信息系统的安全，保障整个社会与国家的稳定与健康发展。每一个公民都应该具有守法意识。只有具有这些意识，才不会因触犯法律而受到国家的处罚，也才能保障信息存储、信息处理以及信息传播的安全与畅通，最终维护自己的信息获得与利用的安全与方便。

2. 具备信息科学技术的常识

信息技术改变了人们的生活方式，推动社会进入信息化时代。信息技术的出现促使新科学知识的出现。人们在使用信息技术之前，应对这些知识有一个深刻的认识。

（1）了解信息技术

信息技术的许多基本知识已经作为普通的科技知识在各种大众化的媒体上进行讨论与评价。在各种社会团体的活动中，人们都在议论信息技术的发展与广泛应用。在家庭与亲朋好友之间，相互交换利用信息技术的心得成为时尚。总之，在信息时代各种信息技术知识成为一般人所应该了解的常识。

（2）研究信息技术

对于普通群众来说，他们通常只需要掌握基础的信息技术知识；而对于那些专业性的信息技术使用者、信息技术的开发者以及一些热爱信息技术的人员来讲，这些基础的信息知识显然不能满足他们的需求，他们还需要对信息技术的发展现状、发展前景等方面进行深入的研究。例如，他们应该掌握信息技术系统的组成部分，了解信息技术各部分工作机制以及工作的相关原理等。

那些计算机的使用者也需要掌握一些信息技术基础知识，他们不仅要了解各个软件的使用方式和功能，还要学习一些计算机文件的组织方式。当然，这就需要他们掌握文件在操作系统中的组织方式，这些文件通常是以根目录为主干的树形结构组织方式，根目录下便是各种分支目录，使用者可以根据文件归属地查找这些文件的所在。除此之外，计算机使用者也应该认识到信息系统是人们开发制作的，因此有其局限性。

（3）了解信息技术的发展

信息技术有自己的发展历程，并且也顺应自身的发展规律。信息技术使用者应该对信息的历史知识进行研究，不仅需要了解信息技术的发展历程、发展阶段，还应该了解信息技术发展的各个时期的特征，从而探索信息技术发展的新时期，并以积极、乐观的态度展望信息技术发展的崭新未来。另外，拥有这些知识之后，人们便能够站在哲学的角度建立起关于信息源流、本质的知识架构，提高自己的信息素养。

3.培养信息技术运用的能力

人们使用信息技术系统需要具备技术应用能力。例如，人们应该了解启动、运行、结束信息系统的方式，懂得怎样选择一个合适的信息技术系统以及怎样安装，明白维护信息技术系统对于其正常运作的重要性。信息技术系统的应用能力可以分为以下三个方面。

（1）基本操作能力

对于信息系统的使用者而言，基本操作能力是人们应用信息技术最基础的能力，是人们适应信息社会的前提。随着科学技术的迅猛发展、社会的不断进步，信息技术的发展逐渐对人们的生活方式产生了影响。人们操作信息系统的方式更加简单，但人们还是需要自己对其进行操作，如信息系统的启动、运行、关闭，以及选择安装合适的信息系统等。

（2）软件硬件使用能力

信息系统是由人、软件、硬件组成的。硬件是信息系统的运行平台，是信息传播、信息交换等活动进行的物质基础。软件主要包括系统软件、应用软件，主要对计算机起到管理、控制、维护等作用。对于一个信息系统而言，组成它的软件不同，所具有的功能便不同。在这个过程中，使用者起着决定性的作用，他们能够选择、决定使用他们自己需要的软件、硬件，进而完成自己的工作。

（3）信息资源利用能力

人们应用信息技术主要是为了收集、获取、传播、利用信息。由此看来，人们使用信息技术最重要的一点便是信息利用能力。当然，这一过程首先需要人们对那些网络上大量的信息展开有效地查找，从而使得人们可以在很短的时间内获得有效的信息。面对互联网上大量的信息资源，人们不可能将这些资源全部保存到相应的信息系统中。另外，计算机的光盘类型繁多，其储量也比较庞大，查找有效信息难度较大。

因此，人们必须具备一定的信息资源利用能力，从而在大量的信息中找到有效的信息，提升工作效率。当然，人们拥有这种信息利用能力的同时，也需要具备一定的信息辨别能力。

（二）信息传播者方面

作为信息传播者，我们应该确保传播的信息具有真实性、准确性和客观性，并符合道德规范和法律要求。我们应该促进积极的文化发展，传播对人类社会和个体有益的信息，而不是传播有害、错误或误导性的内容。此外，与他人沟通时，我们应该注重尊重和理解。尽管使用信息技术进行沟通可能在形式上不如传统方式规范，但我们仍然应该意识到在沟通时面对的是人而不是机器。我们应该尽量表达尊重、信任和理解，避免伤害他人的感情或尊严。作为信息接收者，我们也应该遵守相关的道德准则。我们应该尊重他人的劳动和信息产权，不擅自下载或使用他人的信息，除非得到他们的允许或按照法律规定的方式使用。同样重要的是，我们要尊重他人的隐私权，在查阅信息时避免侵犯他人的个人隐私。

（三）信息技术专业人员方面

1. 提升专业能力

（1）信息资源开发能力

人们使用信息技术不仅是为了利用信息资源，而且还可以利用这种技术开发信息资源。例如，人们可以利用演示文稿（PowerPoint，PPT）设计自己的演讲稿，或者使用计算机中的文字处理软件和数据处理日常生活中的事件记录、家庭预算、文章撰写等。另外，人们也可以利用信息技术设计辅助教学软件，提高教学效率和质量。当然，这种能力对于每个人来讲都是不同的。人们的行为习惯、生活方式、工作需要不同，所具备的信息资源开发能力也就不同。

（2）信息系统开发能力

信息系统开发能力主要是那些从事信息系统开发工作的人员具备的。当然，一些对信息技术有兴趣的人们也拥有这种开发能力。对于他们来讲，信息资源是可以不断开发的。通过信息技术的应用，人们按照自己的工作要求或实际需要对信息系统进行开发、改进。

所以，人们需要提高专业的信息技术能力。人们可以采用工作效率比较高的编辑方式、程序设计语言展开各种开发工作。当然，人们还需要对信息系统的硬件、软件部分有一定的了解，从而开发、设计出合适的信息技术产品，满足各种人群的需要。

2. 确保信息传播的公正、有序

对于信息技术工作者来说，他们的工作主要是知识、信息的传播，而这种方式需要相关人员共同遵守一定的规则、协议，遵循相互尊重、互相平等的信息交换原则，从而保证人们公正、有序地完成信息传播。由此可见，科技工作者所进行的信息传播工作应是一个公正、平等的交换过程，所牵涉的相关人员没有地位、性别、年龄等方面的身份差别，大家都遵照相同的秩序守则，尊重彼此的研究成果。

第二节　大学英语教师信息素养现状

一、大学英语教师信息素养存在的问题

（一）信息技术的使用目标不明确

有些英语教师在课堂上使用信息技术，但当问及原因时，他们可能回答为了吸引学生注意力、满足学校要求或提升讲课比赛的表现。他们对于信息技术的使用程度、原则和信息技术的使用与课程目标的关系认识模糊。

（二）信息技术的使用比较单一

教师在教学活动中，在使用某种信息技术时通常会限制在其特定功能上。以微信为例，许多教师认为它的主要功能是信息传递，用于发送图片、声音、视频等信息。教师还可以用微信平台来发布课程补充资料，让学生在课余时间扩充知识；可以建立微信聊天群，鼓励学生在群里练习英语口语，微信即时语音功能可以帮助学生避免面对面交流时的尴尬，让他们更自如地练习用英语交流，教师在线修改并及时指出错误，还可以利用微信平台批改作业，这样可以实现作业的高效评估，也给学生留下深刻的印象。

（三）信息技术的保障缺乏

在实际的教学过程中，英语教师可能会遇到一些困难，如怎样在 PPT 中添加超链接、如何剪辑视频和音频、如何制作教学微视频、如何进行人机对话以及如何进行机辅翻译等。这种情况的原因在于培训往往侧重于传授计算机技术，没有提供针对英语教学的计算机技术指导。

因此，虽然他们了解计算机技术，却很难将其应用于具体的英语教学场景中。这种培训缺乏与实际教学需求相结合的指导，导致大学英语教师在应用计算机技术时遇到困难。

（四）提高信息素质的精力不足

由于高校扩招，各高校普遍存在英语教师短缺的现象。大多数英语教师课时任务较重。同时，英语教材随着时代的发展更新很快，备课内容也在不断变化。

大学英语教师在承担教学任务的同时，很难有时间和精力去获取更多更新的信息。此外，教师很难有时间去运用多媒体教学技术，并将其与搜集到的最新资讯结合起来，辅助英语课堂教学。

二、影响大学英语教师信息素养的主要因素

（一）职前培养因素

1. 课程设置问题

大学英语教师在高等教育阶段是否接受了有效的信息素养培训，对其在教师岗位上使用信息技术的能力有一定的影响。早年我国本科阶段开设的信息技术相关课程以操作技能为重点，鲜有涉及技术与教学的整合。外语硕士教学计划和课程设置也较少注重未来教师的信息素养培养问题。因此，从整体上看，目前大学英语教师队伍的信息素养普遍不容乐观。

2. 英语学科教学环境问题

大多数教师教学风格与自己求学阶段的教师教学风格有关。如果外语教师不进行信息技术与外语教学整合，那么其走上岗位后就很有可能沿袭当年求学阶段的教师的教学风格。

将信息技术融入大学英语教师的职前培训中，是提升其信息技术能力最直接、最有效的方法。近几年师范院校更加重视教师职前信息素养的培养，并在提升其信息素养方面进行了有益的尝试，取得了不错的效果。

（二）在职培训因素

如今，大学英语教师大多已经充分认识到信息技术对于教学、科研、自身发展的重要性，有着强烈的信息素养培训的需求，但在职培训的实际情况没有达到预期，主要来说表现为以下四点。

①培训目标、内容过于注重技术层面，忽视观念层面和理论层面的培训以及技术与教学整合方面的指导。

②在职培训机会不足。

③在培训管理上，缺乏培训前的调查和培训后的跟踪改进。

④培训形式单一。以短期集中培训为主，主要采取讲授与上机实习相结合的模式，缺乏对教师实际情况的考虑。研究表明，短期集中培训的作用和效果十分有限，培训机构若能在受培训者回到工作岗位后持续提供支持与各种形式的指导，培训效果就会更好。

第三节　基于信息素养提升的大学英语教师专业发展策略

一、提升大学英语教师信息素养的意义

（一）提升大学英语教师信息素养是信息时代的要求

高度信息化是信息社会的重要特征之一，迅猛的信息化潮流冲击着人类社会的各个领域，信息增长急剧化、信息处理现代化、信息手段多样化、信息传播国际化、信息运作规范化、信息活动产业化都使人感受到巨大的震撼力。信息化浪潮引发的是整个社会的全面变革，其内在活力是任何力量都无法阻挡的。计算机将各类信息数字化，传载信息的网络将世界连接成一个"地球村"，人类的整个生存状态，从经济、政治到文化，从工作、学习到娱乐都发生了根本性的变革。

因此，现代社会离不开信息技术，现代人需要信息素养，信息素养是个人、企业、地区和国家竞争优势的关键要素。在这个社会里的人们是否具有良好的信息素养，正日益深刻地左右着社会的文明与发展的进程。"信息人"，即具备了合理的知识结构和一定科学文化素养，有着敏锐的信息意识和信息能力，能够在信息环境中获取、利用所需信息的人将成为推动信息社会进步的重要元素。

在人才培养模式中，信息素养也越来越为世界各国所重视，并被纳入基础教

育、高等教育或终身教育体系的目标与评价体系之中，成为评价人才综合素质的一项重要指标。教师作为信息化人才的塑造者，自然须具备良好的信息素养，因此，提高教师的信息素养有十分重大的现实意义。

（二）提升大学英语教师信息素养是创新教育的需要

信息技术的广泛运用对教育带来了巨大的改变。传统的教学模式中，教师主导教学，学生被动接受知识。这种教学模式局限了学生的思维和创新能力的培养。信息技术的引入，为学校课堂带来了更多的互动和个性化学习的机会。通过信息技术，教师可以将课堂转变为以学生为中心的学习环境。教师可以利用多媒体和互联网资源，开展丰富多样的教学活动，激发学生的学习兴趣和积极性。学生可以通过电子教材、在线学习平台等资源，自主学习和发展自己的能力。学生还可以利用信息技术工具进行合作学习，共同解决问题和完成任务。

此外，信息技术还为学生的创新能力培养提供了更多的机会和平台。学生可以利用多媒体创作工具，进行自主创作和表达，展示自己的想法和才能。学生也可以利用信息技术进行研究和调查，深入了解各个领域的知识和实践，培养自己的创新思维和问题解决能力。

然而，信息技术在教育中的应用也面临一些挑战。教师需要不断学习和更新自己的信息技术知识，以便更好地应用于教学中。教育机构需要提供充分的技术支持和培训，以帮助教师有效地利用信息技术进行教学。此外，信息技术的应用还需要注意保护学生的隐私和数据安全。

在新型教学模式下，信息技术的使用，使教学过程和教学模式发生了重大变革。学生成为教学的中心和主体，教师已由原来单一的知识传授者变成了学习的引导者、学生的合作者、课程的设计者和开发者、学习活动的组织者、学习资源的管理者和团队的协调者。学生通过现代媒体，利用丰富的学习资源进行自主学习，实现知识的重构和创造，获得学习知识、创造知识的能力，这正适应了当前所提倡的创新教育的要求。

由此可见，教学模式的改革对教师提出了更高的要求。作为教学一线的教师，教学改革的实践者，必须具备学习、认识、掌握并创造性地运用信息技术的能力，具备创新意识和创新能力，在潜移默化中培养学生的信息意识，才能适应新型教学模式对教师提出的新要求。

因此，提高教师信息素养是教学改革的需要，教育改革创新应以提高教师信息素养为切入点，转变教育发展方式，走内涵式发展的道路。

（三）提升大学英语教师信息素养是终身学习的需要

在信息时代，新旧知识替换周期不断缩短，新事物、新行业都在不断地大量涌现。要想跟上并适应时代前进的步伐，更好地工作和生活，随时都有学习的需要，这就决定了必须终身学习。信息素养是终身学习能力的核心，它使人们能在一生中有效地寻求、评价、利用和创造信息，以实现个人的、社会的、职业的和教育的目标。

信息素养和终身学习是信息社会的灯塔。在数字化学习时代，信息素养的重要性不可忽视。随着信息技术的飞速发展，具备良好的信息素养成为自主学习的基本条件，也是一个人学会学习的主要标志。在学习型社会中，每个人都要具备学习的能力和习惯，不断更新知识和技能。信息素养是学习能力的核心，它包括获取信息、评估信息、有效利用信息、创造和分享信息等多个方面。具备了信息素养，个体才能够主动获取所需的知识和信息，发展自己的能力，适应变化和创新的要求。教师作为教育者，在数字化学习时代也需要成为终身学习者。教师需要不断学习和更新信息技术知识和教学方法，不断提升自己的信息素养和教育能力。只有保持学习的姿态，不断挑战和超越自己，才能够更好地适应和引领学习型社会的发展。教师不仅需要培养学生的信息素养，还需要为学生提供学习的指导和支持。教师应该致力于培养学生主动学习和批判思维的能力。教师还应该鼓励学生积极参与学习社区和合作学习，以提高学生的学习效果和学习动力。

为了满足学生求知的需要，促进自身的专业化发展，教师要不断丰富自己的知识储备，不断地更新自己的知识结构，提升自身的教学实践能力、技术应用和开发能力，以适应不断发展的岗位要求。

二、大学英语教师信息素养提升的路径

（一）加强自主学习

自主学习是大学英语教师提高信息素养的重要途径，也是最容易实现的一个途径。

1. 自主学习的含义

"自主学习"这一概念早在 20 世纪初就被提出，但关于其定义至今没有达成一个统一的认识。对于"自主学习"这一概念的表达，更是众说纷纭，如 autonomous learning（自主学习）、active learning（主动学习）、self-study（自学）、self-managed learning（自我管理学习）、self-education（自我教育）。这就说明

人们对自主学习的研究十分关注，同时说明不同的学者对自主学习关注的角度、重点也不同。

亨利·霍莱克（Henri Holec）是最早进行自主学习研究的学者。他认为，自主学习是指对自己学习负责的一种能力，这种能力并不是天生的，而是需要专门学习才能获得。霍莱克认为自主学习能力包含以下五个方面的内容。

①确立学习目标。

②确定学习进度。

③选择方法和技巧。

④监控学习过程。

⑤评估学习结果。

迪金森（Dickinson）对自主学习的分析是从学习的进程方面考虑的，他认为自主学习者应该承担的学习责任包含以下七个方面。

①决定学习什么。

②学习方式为个人学习。

③学习者选择学习进度。

④学习者决定何时何地进行学习。

⑤学习者选择学习材料。

⑥自我监控。

⑦自我测试。

班森（Benson）则认为，自主学习是学习者在学习过程中对自己的学习进行控制的能力。但是，这种控制能力并不仅仅依靠学习者自身的喜好，控制不是个人做选择的问题，而是集体做决定的问题。[①]他还将"自主"从不同的角度定义为"技术自主""心理自主"和"政治自主"，并将它们分别与三种相应的学习方法（实证法、构造法和批评理论）联系起来。总结来说，自主学习是一种多维度的能力。

上面介绍了一些代表性学者对于自主学习这一概念的看法，这些观点可谓见仁见智。为了帮助读者更好地理解，这里主要从广义和狭义两个角度来阐述自主学习。

从广义上说，自主学习是指人们利用不同的手段与途径进行的具有目的性、选择性的学习活动，是为了实现自主的发展。从狭义上说，自主学习是学生在教

---

① 王捷. 大学英语自主学习的形成性评价研究 [J]. 华东理工大学学报（社会科学版），2016，31（2）：122–132.

师的指导下，自觉进行能动性、创造性的学习，最终实现自主发展的教育实践。

狭义的自主学习主要发生在学校教育的范围内，本书中进行的自主学习研究也是从这个角度出发的。自主学习能力是在学习过程中学习者的综合学习能力，运用知识和必要的技能，使学习目标得以有效实现。学习者应该具有自主学习的能力和意愿，从而实现自主学习。

2. 自主学习的特征

人们在对自主学习的含义进行界定时，试图总结出自主学习的特征。不过，如同其定义众说纷纭一样，自主学习的特征在不同学者看来也不尽相同，这主要是由于研究的角度和方向不同所致。

一般来讲，自主学习有三个方面的特点。

①自主学习能够有效地对元认知、动机和行为等方面进行自我调节。

②自主学习能够对学习方法或学习策略进行有效的自我监控，并根据自我监控的结果对学习活动进行反复调整。

③自主学习能够科学、有效地使用某种特定的学习策略，或者做出合适的反应。

美国密歇根大学的宾特里奇（Pintrich）则将自主学习者的特征归结为四个方面。

①自主学习者能够在学习过程中主动创设学习策略，树立学习目标，探索学习的意义。

②自主学习者能够正视由个体差异而产生的影响，并自主监控和调节学习行为。

③自主学习者能够对自己学习的效果进行自我评估，对学习目标和学习标准进行必要的调整。

④自主学习者能够合理调节由外部情境和个体差异所产生的影响，以提高学习效果。

学习者只有具备以下特征，才可以称得上是自主学习者。

①能够对学习的成败正确归因，并对学习自我负责。

②拥有强烈的学业自信心。

③相信努力就会成功。

④学习目标科学、有效，符合自身学习情况。

⑤关注自主学习对未来的影响。

⑥拥有符合自身学习特点和个性特点的学习策略，对学习过程自我监督、自我调节。

⑦对学习时间与学习资源能够有效管理和使用。

3. 大学英语教师的自主学习

大学英语教师的自主学习包括以下五种形式。

①收看教学录像。

②参与网络教育论坛讨论。

③阅读相关文献。

④观摩他人教学。

⑤参加教学研讨会。

除此之外，大学英语教师的自主学习包括向同事学习。目前，国内外已经有很多语言教育者在线发展的机会。通过网站，大学英语教师既可以下载丰富的外语教学资源，了解外语教学的新动向，也可以与同行分享教学经验，参与教学问题的讨论。

需要指出的是，提升大学英语教师信息素养的途径各有利弊，应该根据实际情况和不同发展需求，选择不同的提升信息素养的途径。例如，面对面的培训便于培训师当面指导，优点是节省时间经费、契合本校教学实际，缺点是个性化、针对性不足；网络协作学习的优点是有很强的自主灵活性，缺点在于培训组织和管理松散，缺乏效率。

（二）加强教师培训

可以说培训是提升大学英语教师信息素养最直接的途径，也是非常有效的途径。

1. 优化培训内容

培训课程的内容是影响大学英语教师继续教育质量的重要因素。大学英语教师信息素养的培养需要有与之相应的较为系统的课程，从宏观层面来看，培训教师信息素养的课程主要包括以下四个方面：①以信息技术为基础的课程，包括计算机操作技术和网络技术；②使用信息技术的方法论课程，把信息技术用于教学，即将信息技术与课程整合；③鼓励教师在更广泛的领域使用信息技术，如让学生开展课外活动、建立兴趣小组，这对于发展学生的能力和专长有好处，从而培养教师利用信息技术开展各种活动的能力；④与信息技术应用有关的伦理、法律、安全等问题。

　　在以往我国大学英语教师信息素养培训中，更注重提高英语教师教学课件的制作能力，制作教学课件的课程占了培训内容的很大比重，从而忽视了英语教师运用信息系统的思想方法，忽视了英语教师本身的教学经验，忽视了英语教师在教学过程中的具体问题。

　　所以，我们在课程设置上应以教学思想、教学目标来驾驭技术，强调教学设计能力的培养，强调信息技术的具体运用，强调教学效果的合理评价。

　　我国各地办学条件差异较大，东部与西部、经济发达地区和经济不发达地区、城市和乡村、重点学校和非重点学校之间都有差异。显然，师资培训中团体推进、整齐划一的操作范式很难激发其学习兴趣，不能满足教师积极的学习心理，这样的培训往往流于形式，不能满足教师的实际学习需求。

　　大学英语教师信息素养的培训必须关注教师的个体差异，要根据教师信息素养的不同层次和实际需求来设置课程。对于基础差的教师来说，主要是学习利用各种信息资源进行教学设计和改善教学行为，养成教师良好的利用信息资源的习惯和掌握基础的信息技术的能力。对于基础中等的教师来说，已具备一定信息技术能力，具有利用各种信息资源进行教学设计的意识，主要学习如何更好地利用信息技术和信息资源进行教学设计，组织教学活动，科学地安排教学过程中的各个环节和要素，解决教学实践中的问题。对于基础好的教师来说，要提出更高更严的要求，强调如何整合各种信息资源，创新课堂教学环境，创新教学模式，运用新技术和新理念于教育教学改革之中，实现信息技术与课程的深度整合。

　　由此可见，制定培训课程前应进行详细的需求分析和实际调查，根据调查结果，按照教师的基础、层次水平和学习需求等情况的不同，进行全面规划，确定不同难度等级、不同培训重点、不同学习阶段的课程体系，各阶段课程既要有针对性又要连贯一致，使其在课程设置上着重解决教师教育实践性的问题，使培训课程直面复杂的教育现实，改变以往自上而下、整齐划一的"一刀切"模式。培训课程的内容要注重四个方面：实用性与发展性、综合性与专业性、灵活性与多样性、统一性与差异性。

　　2.改善培训方式

　　大学英语教师信息素养培训的主要方式包括以下三个。

　　（1）体验式培训

　　教育信息化的基本特点是多媒体化、网络化、智能化。各级培训应在以多媒体和网络为基础的信息化环境中进行，让教师感受多用户虚拟环境作为教学手段的潜力，培养教师运用虚拟现实技术进行教学的意识和能力。

（2）分层或分级培训

大学英语教师的信息素养水平存在巨大差异，这是客观存在的事实。基于此，可进行分级或分层培训。一般可以将教师分为三种，并有针对性地开展培训，实行区别对待。

第一种是信息化教育技术知识薄弱、信息技术能力偏低的教师。相应的培训要求是掌握将信息技术运用于课程教学的基本能力。

第二种是接受过一定的计算机教育、已有一定技术基础的教师。相应的培训要求是进行发展性培训，使他们能够更好地设计多媒体课件和网络课件，能够通过网络教学平台组织教学活动。

第三种是已具备中级水平并能较好地实现信息技术与课程教学整合的教师。相应的培训要求是参加高级研修班，提升研发能力，学习开发信息技术与语言教学相结合的新产品。

（3）反思性培训

传统的英语教师信息素养培训更多是采用讲授式的培训，教师可能会努力学习专家所倡导的理论和介绍的新知识，但在培训之后往往不能将理论和知识在实践中有效地运用，仍沿用自己习惯的教学方式。此时，反思就在"理论"和"实践"之间架起了沟通的桥梁。在培训过程中，应让教师反思自己的教学活动，分析自己的教学行为、决策和结果，从而进一步改进教学。

3. 构建培训模式

大学英语教师信息素养的培训工作，可采用多种模式，教师可根据各地、各校和各自的情况因地制宜地选择不同的模式。各种模式都有各自的优势和劣势，培训中需要结合实际，取长补短。

（1）离岗专业进修

离岗专业进修是指教师为了提高专业水平、调整知识结构和学历层次或者获得相应学位，而暂时脱产到高等院校等相关机构参加各种专业进修学习，主要包括专科、本科、专升本学历教育，以及有关信息技术教育、教育技术等学科的研究生学位学习等。近些年来，我国高等院校信息技术教育的硬实力、软实力都有了较快的发展，派遣一些中青年教师到高等院校接受信息素养的培训很有必要，以使他们的信息技术更熟练、更全面，信息素养理论基础更扎实，成为本单位信息素养教育的骨干力量。

为了适应信息时代的发展，教师的信息素养培训至关重要。在博士研究生的培养上，联合办学是提高教师信息素养的有效途径之一。通过与国内外有名的大学进行合作，可以形成强强联合、中外联合的办学模式，培养更多的高层次专业学术人才。这种合作模式有助于教师接触到更先进的学术思想和研究领域，提高他们的信息素养水平。此外，学校还可以在政策上给予各种支持，鼓励教师攻读硕士、博士学位，甚至到国外进修学习，以加速培养学科带头人。为了提高教师的整体信息素养和教学能力，学校可以鼓励中青年教师攻读现代教育技术的学士、硕士、博士学位，或获得本科、研究生的第二学历。通过这样的培训和学习，教师可以提高运用信息技术的能力，进一步促进整体信息素养的提高。

离岗专业进修提升教师信息素养的方式，其培训专业性强，所学知识比较系统全面，能为参训的教师提供更多的新理论、新信息、新思想，有利于教师从更高层次上运用信息技术。但对广大的在职教师而言，由于入学门槛较高，而不具备普遍性。

（2）短期分层培训模式

短期分层培训是一种有计划、大规模、短时间内进行的信息技术应用培训活动，可以有效提高教师的信息技术应用能力。这种培训方式的特点是时间紧凑，参训人员数量较多。通常采用分层专题讲座的方式，有序地传授信息技术的相关技术和理论。针对参训教师进行重点、有层次的培训，这种培训方式能够在短时间内让教师掌握信息技术应用的基本知识和技能。

同时，参训人员由具有创新思维能力的骨干教师组成，他们通过培训逐渐成长为信息应用和处理的专家，可以通过帮扶方式影响其他教师，提高其他教师的信息技术应用能力。这种培训方式能起到以点带面的效果，能够逐步推动整体教师队伍的信息化进程。

在这种培训方式中，重要的是培训内容的设计和师资队伍的选择。培训内容需要有针对性和实用性，能够满足教师在信息技术应用方面的实际需求。师资队伍需要具备专业知识和教学经验，能够有效地传授相关技术和理论。参训后的骨干教师要加强与本学科的其他教师的合作与交流，在教学与教研中相互协商与交流，在此过程中，双方都能进一步提高将信息技术运用于教学的能力，并形成充满活力的延续机制。

短期分层培训模式的优点是参训的教师能够在短期内接受专题性、实用性较强的知识，有利于高效地、大面积地提高教师的信息技术水平，有利于统一管理，有利于来自各地教师间的相互交流。但是这种培训方式往往时间短，学习容量大，教师对知识的吸收与应用不够深入，同时也由于参训人员众多，而不能根据参训者本身的特点进行因材施教，不利于充分调动学习者的积极性，也不利于理论与实践的紧密结合。

（3）校本专题培训模式

校本专题培训是以学校为培训基地，在上级培训机构指导下充分利用校内外培训资源，直接服务于学校、服务于教师、服务于教学的专题培训活动。这种培训模式是教师信息素养培养提高的重要途径，应该成为一种常态。它具有其他培训模式无法替代的优势，如它能较好地解决工作与学习在时间上的矛盾，能较好地解决理论与实践脱离的矛盾，其学习内容、参训人员、培训时间及地点等可灵活安排。它以应用为目的，培训形式可灵活多样，可充分发挥本单位信息素养骨干教师的作用，能者为师，互帮互学。

校本培训模式的出现在很大程度上弥补了传统培训模式的不足，它立足于学校现有的条件，立足于本职本岗，通过培训有效地解决学校和教师面临的具体难题，使教师所学到的信息技能、信息理论能迅速地与教师的工作、教师真实的教育教学情境紧密结合，在理论与实践的反复推敲之中，在发现问题与解决问题之中，提高教师的教育教学能力、信息资源的使用能力，避免了理论与实践相脱节，其针对性和实效性都很强。

采用这种培训模式时，还可在培训过程中聘请其他师资培训机构或信息技术专家进行指导，这使得信息技术专家的丰富理论知识与教育一线的教师的实践经验得以整合，实现优势互补，不仅有利于教育实践在现代信息技术的新理论指导下进一步发展，也有利于信息技术理论在教育实践的视角下重建。在校本培训模式中，我们应时刻关注的是组织者不只是把培训地点由校外转移到了校内，而是要在更深的层次上实现培训思路和方式的变化。

（4）微学习型个性化研修模式

微学习型个性化研修是指教师在微学习环境下，利用信息工具、手段、网络资源等进行学习交流的培训活动。教师自发地、有目的地学习和探索信息技术相关知识和技能，以解决教学和科研中遇到的问题，提高自己的信息技术水平和信息素养能力，是非常积极和值得鼓励的行为。

对于教学和科研中遇到的问题，教师可以通过自主学习相关知识和技能来寻找解决方案。他们可以利用闲暇时间学习教育技术和信息技术教育方面的专业书籍和杂志，这些资源可以提供理论指导和实践案例，帮助教师应用信息技术提升教学效果和探索新的研究方向。

教师也可以自行学习多媒体制作工具的使用方法和教学课件的制作方法。通过学习，教师可以更加灵活和有效地设计和展示教学内容，提高教学效果和激发学生的兴趣。教师还可以积极利用网络资源，参加网络论坛和专题讨论。这些在线平台提供了与其他教育者和专家交流的机会，教师可以分享自己在信息技术与课程整合方面的教学经验和自己制作的课件，也可以从其他人的经验中取长补短。

此外，教师可以将自己的教学和科研成果发表出来，以展示自己的工作成果。这不仅可以让他人了解自己的研究和实践成果，还可以通过同行的审查和评价，不断提升自己的教学和科研水平。微学习型个性化研修模式在实际中应用广泛。

这种模式具有自发性，是教师在工作实践中自觉反思教育行为，有目的地选择内容进行自学、研修。教师在实践活动中归纳感悟、体验，解决信息技术在运用过程中存在的问题，实现知识的内化。在微学习型个性化研修模式下，教师的主动性得到充分的发挥，并实现了真正意义上的"要我学"到"我要学"的转变，是在教师的内在驱动下进行的学习。其特点一是"微"，目标单一，内容零散，但及时，主体性强，以行为反思为主；二是"活"，学习时间碎片化，学习地点随意，学习方式灵活多变等。

提高教师的信息素养是一项艰巨而意义深远的任务。教师培训不是一次性的，必须给教师提供持续的培训和有效的支持与服务，要创设便捷的交流平台，建成广泛的技术支持网络，使教师能通过各种途径随时取得与技术人员的联系，以便帮助教师解决在实际教学过程中遇到的各种问题。

第五章　学习共同体

　　学习共同体是指由学习者及其助学者共同构成的团体，他们彼此之间进行沟通、交流，分享各种学习资源，共同完成一定的学习任务，在成员之间形成相互影响、相互促进的人际联系。学习共同体通常包括两类角色，即学习者和助学者。不同的角色根据不同的职责使用相应的学习策略和教学方法。此外，学习共同体还强调学习者之间的协作与交流，通过共享知识、经验和技能，实现共同的学习目标。学习共同体的建立有助于提高学习者的学习积极性和效率，同时也有助于培养他们的合作精神和沟通能力。本章围绕学习共同体相关概念、学习共同体与学校教育、学习共同体与社会关系、学习共同体与教师专业发展展开研究。

第一节　学习共同体相关概念

一、共同体概述

（一）共同体的含义

　　"共同体"一词源于 14 世纪，当时主要指在地理位置上处于同一地区的一群人。该词作为社会学的概念进入学科领域，可追溯到 1887 年德国社会学家斐迪南·滕尼斯（Ferdinand Tönnies）撰写的《共同体与社会》一书。该书中将"共同体"的基本含义阐释为任何基于协作关系的有机组织形式。该概念强调人与人之间的密切关系、共同的精神意识，强调共同体是具有很强归属感、认同感的社会团体，是一个生机勃勃的有机体。

　　20 世纪 30 年代，伴随着城市化和工业化的发展，人们对共同体的研究日渐升温。当时的理解集中于人与人在一个明显的地理区域内的相互依存性。

　　大卫·麦克米兰（David McMillan）和大卫·查维斯（David Chavis）提出，共同体感知度是指"成员们所具有的一种归属感，一种每一个成员对另一个成员、每个成员对于整个小组都很重要的感觉，一种相信只要共同努力就能满足成员的需求的共同信念"①。

麦克米兰和查维斯同时提出构成这种共同体感知度的四个因素,即成员地位、影响、需求的融合和满足,以及共享的情感联系。成员地位是一种归属感,或是一种人与人之间相互联系的感觉;影响是一种事关重要之感,包括某个人对整个小组很重要、小组对其成员很重要;需求的融合和满足是指成员的需求将通过他们在小组中的成员地位所获得的资源而得到满足;共享的情感联系是成员共享的承诺和信念。

综上所述,对"共同体"这个概念的使用主要有两种:一种是地理位置上的共同体概念,另一种主要是从人与人之间关系的角度来进行定义。这两种使用并不相互排斥,现代社会更倾向于围绕共同兴趣、目标和技能等发展共同体,"共同体感知度"概念日益受到重视。

（二）共同体的核心价值

日本著名的教育家佐藤学教授提出的学习共同体的定义非常有深度和启迪性。他认为学习共同体并不是基于地缘关系或血缘关系的共同体,而是建立在共同的价值观和精神内核之上的共同体。这种共同体是由于人们共同的叙事、言词以及祈愿形成的,具有丰富的想象力。它是一个包容差异并且尊重多元的共同体,提倡"和而不同"的理念。共同体中的每个成员通过亲身经历和探索,与多样的他者建立起共生关系,并共同构建起自我参与其中的共同体。

这样的学习共同体强调个体之间的互动和合作,鼓励每个成员在学习的过程中彼此交流、思考和成长。它不仅仅是知识传授和技能培养的场所,更是一个培养个体综合素质、培养共同价值观和道德观念的场所。在学习共同体中,每个成员都被赋予了主体的地位,可以自由表达自己的思想和观点,同时也要尊重他人的观点和意见。这种共同体的形成有助于促进成员之间的互相理解、合作和共赢,并培养出更加开放、包容和创新的精神。

佐藤学教授对学习共同体的理解提供了一个全新的视角,强调了共同体中的个体与集体之间的互动和关系的重要性。这种学习共同体的理念有助于塑造一个积极健康的学习环境,培养出具有创造力、合作能力和社会责任感的个体,推动整个社会向着更加和谐、繁荣和持续发展的方向前进。

① MCMILLAN D, CHAVIS D. Sense of community: a definition and theory[J]. Journal of community psychology, 1986, 14（1）: 6–23.

1. 自主

教师在学习共同体中属于助学者角色。教师自主发展观的最佳诠释是教师对自己的专业发展负责，为自己的学习买单。这意味着教师要有自信、自立和自强的品质，这样才能激发内在的发展动力和潜能，实现自主发展。除了参加政府或学校组织的免费学习，教师作为共同体的成员应争取尽可能多的学习机会去发展，并且有时候也要自主付费参加一些有价值的培训。

2. 群体

人类作为社会性的生物，处于各种社会关系中，并通过教育获得了价值观。我们不能孤立地看待个体的发展，而应该意识到个体的存在是依托于群体的。没有群体，就没有个人的存在。共同体成员的自主发展也不应该是孤立的发展，而应该是在群体中，同向同行，共同发展。

3. 利他

共同体活动的设计朝着最大限度的"利他"而努力，在共同体内好的学习形式应该让更多的人一起分享。无私的付出是推动人类不断进步的美德，并使得个人的价值可以最大化地实现。

二、学习共同体的概述

（一）学习共同体的含义

学习共同体由学习者及其助学者共同构成。学习共同体的本质就是追求高质量的学习，提高学习质量包括三个要素：一是构成互相学习的关系；二是追求创造性的学习，追求符合学科本质的学习；三是倡导协同学习的课堂形态。

构建互相学习的空间及关系，教师要帮助学生学会倾听，形成相互学习、关怀的关系。在互相学习的环境中，不让任何一名学生落单，让每一名学生都成为学习的主人翁。通过相互倾听，可以生成基于对话性交流的学习，形成关怀爱护的关系和民主性的共同体。

学习共同体视域下，真正的学习是从"知识的理解与习得"的学习迈向"基于知识活用的思考与探索"的学习。要求各学科教师不仅要了解学生是怎样学习的，如何创设更好的学习条件，还需要具备基础性课题与冲刺挑战性课题的设计能力，提供高品质的学习任务。学习需要多人之间的联系和相互支持。协同学习的课堂形态在实践中通常包括两个方面。首先，学生要模仿他人的思考，学习他人的思维方式和解决问题的方法。其次，学生可以将其他人的思考作为一种支架，来进一步加深和扩展自己的思考。

在协同学习的过程中，教师要做的是为学生提供高质量的学习资源。课堂的前半部分通常以相当于教科书水平的共同学习为主，确保学生基本掌握基础知识。课堂的后半部分则更有挑战性，要求学生解决一些更复杂的学习任务。通过参与这些挑战性学习任务，学生能够对前面学习的知识进行更深入的理解和内化。在协同学习的氛围中，学生通过倾听、思考、分享、合作和探究，逐步达到最近发展区的水平，并完成对于挑战性课题的学习。这种协同学习的过程不仅可以促进学生的个人学习，还有助于培养学生的团队合作精神和社交能力。通过协同学习，学生能够达到高质量的学习，不仅获得了知识的数量和质量上的提升，更重要的是培养了学生的学习能力和自主学习的习惯[①]。

（二）学习共同体的构成要素

关于学习共同体的构成要素，有学者提出，要成为一个真正的学习共同体，其构成至少包括四个要素。

一是参与者，包含学生、教师等个体；二是关注促进他们成长的目标，即通过形成认同感和心理归属感，构建出一种互助合作的共同体，引导每个参与者积极负责地参与到学习活动中；三是注重互动交往的过程，以平等的身份相互协作，竞争发展，达成认知、情感和能力发展的目标；四是强调学习共同体的载体作用，以多样化的活动为媒介，使每个参与者能够通过交流讨论，发现问题，探讨问题，并获得相互支持和帮助解决问题的体验，进而获得深刻的生活感悟。

（三）学习共同体的本质特征

第一，存在着一个正确而又符合实际的目标，这个目标不仅与社会的发展相互协调，同时又切合课程的内容以及班级学生的实际情况。这个目标应该具有强烈的引导性，能够有效地激发学生及教师的内在动力，推动教学工作顺利进行。

第二，存在一个灵活而又有秩序的结构，这个结构应该能够主动地适应环境的变化，同时也要能够有效地维护好教学的秩序。在班级中，小组的构建是极其重要的，它有利于推动共同活动的实施，帮助达成共同的目标，从而成为教学管理的重要媒介。

第三，存在一套既严格又包容的行为规范，这套规范是师生共同认可并遵守

---

① 余唯一.基于学习共同体的语文教学实践研究：以江苏Y小学六年级为例［D］.上海：上海师范大学，2017.

的。这些规范应该明确、可操作性强、能够被观察和评价，同时也要能够真正内化为师生的行为准则。这样，在执行这些规范时，师生的主体性才能得到充分的发挥。

第四，促进个体发展，能够提高人际交往和合作水平，拓展群体思维的广度和深度。

第五，人际关系、师生关系和生生关系应该团结和谐，表现出高度的凝聚力。

（四）学习共同体的基本性质

1. 公共性

公共性要求倾听他人的声音，向他人敞开心胸，这是对他人的宽容精神和尊重多样性的精神。反映在深度学习上，它与传统个人主义式的学习相比是一种公共性学习。这种学习不仅倾听来自课本和教师的声音，还有来自同学和自身的声音，并且不是接受性倾听，而是尊重性倾听，有着宽容他人的精神和尊重多样性的精神。

公共性还体现了对学习权的尊重,也就是能对学校各式各样的学习风格包容,甚至是帮助。过去的班级制讲授风格的学习，对不同学习风格的学生有着不同的影响，而学习共同体有着更加开放的学习风格，不仅仅是一种宽容，还有对这种学习风格多样性的存在环境的创设和保护。

2. 民主性

公共性的存在需要得到民主性的支持。传统个人主义式学习，是遵循自上而下的有着标准化、权威性的接受性学习，而学习共同体的学习，更多是通过倾听、提问、协同、自主、对话等保障自下而上的，尤其强调不同身份学习主体间的学习。这种合作是平等的，学生、教师、校长、监护人都是学习主体，每一个人的学习权利都必须受到尊重，多样化的思考方式和生活都必须受到尊重，从而使学校成为不同个性得以发展的场所。

3. 卓越性

这里的卓越性，不是指比他人优秀的卓越性，而是指在任何困难条件下尽其所能、达到最高境界这一意义上的"卓越性"。深度学习也反映了对这种卓越性的追求。学生在对自身的卓越性追求方面，之所以会如此的痴迷，就在于他不是孤立地学习。人们在这种环境中，看到别人与自身的差异，就会萌生学习的欲望，引发在具体困难中努力的状态。在传统学习中，虽然也有集体，但学生之间并不互相了解，学生的差异只有当考试结果出来了才能知道，即使这种差异很大，也无法形成一个学生向另一个学生学习的平台、环境。所以，追求卓越就变得异常的艰难。

（五）学习共同体的理论基础

1. 教育本质论

教育作为一种培养人的活动，就其本质来说，是人与人之间相互影响的活动。美国教育家约翰·杜威（John Dewey）指出，一切教育都是通过个人参与人类社会意识而进行的，这个过程几乎是在出生时就在无意识中开始了，它不断地发展个人的能力，熏陶他的意识，形成他的习惯，锻炼他的思想，并激发他的感情，他个人便渐渐分享人类曾经积累下来的智慧和道德财富，就成为一个固有文化资本的继承者。世界上的教育也不能离开这个普遍过程。[①] 杜威的思想强调了教育和共同体的互动影响对于人的成长和社会发展的重要性。通过教育和共同体的相互作用，我们可以培养出更加有文化素养、有社会责任感、有创造力的人才，为社会的繁荣和发展做出积极的贡献。

2. 协作系统论

早在 20 世纪 50 年代中期，切斯特·巴纳德（Chester Barnard）就提出了"协作系统"的概念，他从行为科学的角度出发，深入探讨了组织的内涵，定义组织为有意识地对两个或更多人的行为或各种力量进行调整的系统，其必要且充分的要素是共同的目标、意愿和信息。因此，学校可以被视为一个名副其实的"协作系统"，它由各种不同的子系统组成，包括组织系统、物质系统、人的系统和社会系统。这些子系统相互交织，共同构成了一个整体。

就教育而言，组织系统是指学校本身，其符合"调整的"且有共同"目标和意愿"的协作系统。物质系统则是指教育教学中所使用的设备、器材、教材和各种辅助工具等。人的系统是指学校中教职员工和学生的集合，这些人对学校的发展和教育教学质量有着重要影响。社会系统则是指学校与外部组织和环境进行交互的系统，包括经营系统和营销系统等。这些系统相互作用，共同促进了教育教学的顺利进行和持续改进。

3. 社会互动论

社会互动论认为教育的本质在于增强人际关系和发展学习环境，以促进个体

---

① 唐斌. 试论杜威教育哲学的当代性 [J]. 高校教育管理，2012，6（3）：50–56.

知觉的分化，并将新资料与个人知觉恰当地整合在一起。这个理论强调了以下三个方面。第一，教育是一种社会过程。教育不仅仅是传授知识的过程，更是一种社会过程，通过人际互动产生有意义的学习。因此，教师教学的中心应该从单纯的知识灌输转移到强调人际关系互动上，认为社会互动和社会学习是教育的本质。第二，互动产生有意义的学习。社会互动论强调，有意义的学习过程是与他人互动的过程。在这种互动中，学生通过与他人交流、讨论和分享经验，不断调整自己的认知和行为，从而获得新的知识和技能。因此，教育应该注重创造有利于学生互动的学习环境和条件，促进学生在互动中不断成长。第三，自我认知与自我理解。社会互动论还强调，教育应该帮助学生建立自我认知和自我理解，这是个人发展的基础。具有这种认知的学生能够更好地了解自己的兴趣、能力和潜力，从而更有效地调整自己的行为和思维模式，更好地适应社会和个人的发展需要。因此，教育应该注重培养学生的自我认知和自我理解能力，帮助他们建立积极的人生态度和价值观。

社会互动论者的教育目标包括学会友善地同他人相处，学会以一种既有利于自己又有利于世界的方式生存于客观世界之中。

4. 人本主义理论

人本主义是20世纪50年代末60年代初在美国兴起的反对行为主义的心理学流派，它强调人的价值，强调人的发展潜能。人本主义的代表人物亚伯拉罕·马斯洛（Abraham Maslow）认为，教育的终极目标是实现自我价值，根本目标是促进个体全面发展，成为世界公民则是对全球视野和责任感的追求。通过教育，我们可以培养出更多具备积极的人生态度、创新精神和责任感的优秀人才，为人类社会的进步和发展做出积极贡献。

马斯洛认为传统的学习是一种外在的学习，是单纯依赖强化和条件作用的学习，它的着眼点在于灌输，是被动的、机械的、传统的教育模式。但是学习应该是自发的，依靠学生的内在驱动，挖掘潜能，教育的作用正是要激发学生的内在潜能，使学生在好奇心的驱使下去吸收任何他感觉有趣和需要的知识，最后个体将会达到自我实现。因此，在教学过程中，应该强调以学生为中心。

人本主义的另一个代表人物卡尔·兰桑·罗杰斯（Carl Ranson Rogers）提出了学生中心的教学观，他认为教学的任务不仅是传授知识或技能，更是为学生营造一种支持性的学习环境，让学生成为自主学习的主体，教师则扮演着促进者的角色，提供必要的支持和指导，帮助学生发现自己的潜能，提高他们的学习兴趣和动力。这种教学方式有助于培养学生的自主学习能力和终身学习的意识。

　　构建学习共同体是人本主义理念的体现。首先，学习共同体内的学习者能够自由地控制自己的学习过程，根据自己的经验创建自己的学习体系，很好地调动了学生自主学习的内驱力，学生真正地做到从"要我学"变成"我要学"。其次，学习共同体有利于提高学生自主学习的能力。共同体课堂上，教师不再是权威，而是和学生一起学习的伙伴，生生、师生之间相互帮助、相互鼓励、相互促进，他们依靠自己和共同体的力量找到解决问题的方法，不断提升自己的合作和自学的能力。最后，在共同体的学习过程中，学生的求知需求、尊严需求、社会归属需求都得到了满足，学习能力也获得了提高，这真正地体现了人本主义理论的"以人为本，以学生为中心"的思想。

　　5. 建构主义学习观

　　建构主义者都抱着一个共同的学习观，知识根植于实践之中，学习的本质不是对世界的发现，而是对世界的发明。学习是个体在社会性活动中创造世界的过程。

　　这一理论大家族中的社会建构主义者相信，知识因社会性交往、对话性协商而获得有意义的建构。学习者在获取新的知识、技能、经验和情感时，不是简单地接受外部的"货物"，而是通过与学习对象的全面互动，利用他们原有的经验，从而产生新的经验。因此，学习不能仅仅是听讲的过程，真正深度的学习需要学习者全方位参与，在做中学、思中学、解决问题过程中学，在共同体互动中学，在情境中学。这样，教学就不能像搬运货物一样，把知识从外部搬进学生的心田。

　　杜威认为教育过程的基本要素是未成熟的、未充分发展的人在成人的成熟经验中具体体现出来的确定的社会目的、意义和价值。课堂学习共同体把学生学习置于课堂中心地位，在组织形态上，它打破往常"秧田式"座位格局，代之以 U 型座位，同时弱化黑板角色。这些安排为学生之间的相互交流提供了便利空间。几十个学生不再只是齐刷刷看着老师，听老师讲，看老师板书。在 U 型座位格局下，学生既可以如以往一般听老师讲，看老师板书，也可以听同学讲，与同学讲，生生交流更方便。阅读、练习、演示、讨论或表达是学习共同体课堂常见的风景。学生的阅读是最易于在学生新知识与原有知识经验之间找到契合点的方式，它为学生建构知识体系提供了有力的手段。

　　学习共同体课堂重视倾听、重视对话，其实质就是重视学习者面对新的知识时能够创建知识的个人意义，避免"惰性知识"的产生。"惰性知识"是著名教育家 A.N. 怀特海（A.N.Whitehead）于 1929 年提出的一个概念，他认为学生在"听讲式"课堂中学到的知识，大部分都是远离情境、以僵化的符号体系构成的知识，这些就是"惰性知识"。[①]学习者习得这些"惰性知识"，不仅对发展实践能力无益，还会束缚其创新思维。一个被"惰性知识"塞满头脑的人，就是我们熟知的"书呆子"。

课堂学习共同体就是基于新的知识信仰，以学生主动学习、积极参与、合作学习的形式，激活书本知识的情境意义、个人意义。社会建构主义强调，知识若有助于解决问题或能够提供有关经验世界的一致性解释，就是适当的、有"生存力"的。学习共同体的教学方式思考的不再只是学生获得知识量的多寡，而是注意学生获得"生存力"的强弱。

6. 生态学理论

生态学是一种将社会视为一个生态系统进行研究的方法论，它强调社会各方面因素之间的相互联系和制约关系。人的发展是与这个社会生态体系相互作用的结果。

生态学认为，人的发展受到多方面的影响，包括个体自身因素、家庭因素、学校教育因素、社会文化因素等。这些因素之间相互作用、相互影响，构成了一个复杂的生态体系。例如，一个人的学习成绩不仅受到自身因素的影响，还受到家庭背景、学校教育质量、社会文化等因素的影响。

在学校教育方面，生态学认为学校是一个生态系统，学生的学习与发展是在这个系统中发生的。学校教育不仅要关注学生的知识学习和技能培养，还要注重学生的情感和社交能力的发展。同时，学校教育还要考虑学生所处的家庭和社会背景，以及学生之间的相互作用和影响。

人类发展生态学理论为我们提供了从宏观上理解学校学习共同体的逻辑起点。学习共同体是由学生、教师、家长和社区成员共同组成的，它不仅关注学生的知识学习和技能培养，还注重学生的情感和社交能力的发展。学习共同体强调学生之间的合作学习和互相学习，同时也强调与家庭和社区的合作。

因此，生态学为我们提供了一个全新的视角来理解人的发展，为我们更好地理解和解决教育问题提供了新的思路和方法。

7. 人格发展理论

根据人格发展理论的观点，个体的发展受到个体与环境交互作用的影响，而

---

① 卜湘玲. 情境认知与学习理论述评 [J]. 太原大学学报，2005（3）：9-11.

非单纯受制于生物性的本能。因此，教育者（助学者）在促进个体人格发展时，需要明智地把握对待他人（受助者）的态度与行为，给予他人（受助者）适度的自由和适度的指导，而不是过于控制或指责。对于乡村学校学习共同体，教育者需要关注学生之间的合作学习和互相学习，同时也要注重学生与家庭和社区的合作。通过教育者与受助者之间的互动，可以形成关爱、友好、合作、独立、自尊、自信、勤奋、勇于探索、乐观向上的健康人格。

因此，人格发展理论为我们从微观层面理解乡村学校学习共同体提供了认识的阶梯，使我们更加深入地了解乡村学校学习共同体的特征和本质，以及个体在其中扮演的角色和作用。通过正确把握人格发展理论的原则和方法，教育者可以更好地促进学生的健康发展，并帮助他们成为独立、自信、有爱心、勇敢、勤奋、乐观向上的人。

第二节　学习共同体与学校教育

学校作为一个学习共同体，不仅仅是一个为解决日常实践问题做准备的地方，更是一个特定的工作场所，它注重的是反思和智力活动。这种工作场所和其他实践领域的工作场所之间存在着连续性，在学习与实践之间架起了桥梁，帮助学生实现从课堂到工作场所的连续性。这种连续性的关系使得学校具有特殊的意义，不仅仅是为解决问题做准备的地方，更是一个能够培养学生综合能力的重要场所。

一、学习共同体的教育目标

（一）从认知发展到学习者的身份建构

身份其实是当代社会学思想中一个十分重要的概念。首先，它是一种自我意识，也就是个人对于"我是谁"的看法。身份意味着个体的归属感。它是一种社会结构中的行动者获得的经验。身份构建需要个体寻找能够实现其归属目的的共同体，并获得身份所象征的关系、资源以及知识等。在这种情况下，身份不仅仅是其拥有的属性或标签，而是一种包含了行为、价值观、信仰以及期望的行为。这种行为可以是一种具有特殊背景的文化行为，也可以是融入特定社会群体的表现。

个体一旦拥有了某一身份，一方面意味着拥有某些头脑中的知识，并拥有了一个社会标签，另一方面意味着明确了只有在某一特定情境下，才能做出相应的行动，才能得到共同体的认可，或者说与其身份相符。与此同时，个体为了寻求"共同理解"、追寻身份认同，而进行协商、承受焦虑和处理分歧等社会交往活动。身份建立的过程，实际上是作为社会共同体的成员进行协商的过程。通过这种协商，个体能够在社会中明确自己的位置和角色，找到与自己相似的群体，并逐渐形成稳定的身份认同。或者可以说，形成身份的过程其实就是一个社会交往的过程，社会交往的形式对个体所形成的身份起着决定性的作用。

杰罗姆·布鲁纳（Jerome Bruner）所倡导的认知革命，曾经引起了人们对人的认知结构发展的世界性的关注。但是，他在晚年对社会、政治、文化及宗教等诸多因素对认知发展所产生的影响进行了反思，并在 20 世纪 90 年代对早期基于认知的教育改革的思想进行了修正，并且他还明确指出，教育应从仅关注"学习什么"向关注"学习做什么人"进行转变。布鲁纳还强调指出，应与人类身份的发展相联系来理解学习。在学习的过程中，个体逐渐发展出一种社会身份，这种身份是其实践共同体的成员资格。通过反思可以发现，这种发展出的身份对于个体的认知和信息知识吸收起着决定性作用。人们学习的内容与重点受其发展身份的影响，学习的成果反过来又反映了个体所属的类型及期望成为的人。因此，学习不仅涉及知识和技能的掌握，更重要的是塑造个体所属的社会身份和类型。

在思考"学习什么"和"怎样学习"的时候，我们确实会受到"要成为什么"这一目标的限制、塑造和选择。学习目标的转向不是对认知发展的轻视，而是对认知发展的更深入理解。我们认识到认知发展是一个复杂的过程，既受到个体内部的心理机制的影响，也受到社会环境和身份的塑造。这一转向使我们能够更全面地理解和支持学习者的发展，使他们能够在实践中构建自己的身份。要达到情境认知与学习理论所提倡的教育目标，我们需要合理安排学习活动，包括提供基本技能、知识和概念理解的学习机会，使其不仅仅是个体孤立的智力活动，而是有助于学生发展独特身份的活动。

显然，我们所期待发展的身份包含以下两大方面：其一，作为个体学习者的方面，可将其称作学习者身份的个性方面；其二，作为社会实践的参与者方面，可将其称作学习者身份的社会性方面。

（二）从学生身份到学习者身份的转变

在学习型社会中，学习被视为每个公民的权利和义务，而不仅仅是学生的专属角色。每个人都有权利并有责任不断学习和发展自己的知识、技能和能力，以适应社会的变化和发展。学习者具备自主学习的能力，能够主动地寻找学习资源、制定学习目标、选择学习方式，并通过不断反思和调整实现学习的进步。学习者关注自身的学习过程和成长，具备探究精神和自主学习的动力。

因此，在学习型社会中，不仅仅学生是学习者，任何人都可以成为学习者，不论年龄、职业和社会地位如何。重视学习、持续学习的意识和能力将成为每个人的基本素养，而学校只是提供学习资源和学习机会的一个场所。学习者可以通过多种途径和方式进行学习，实现个人的自我发展和终身学习的目标。

在传统的教育模式中，教师通常会是知识传授者的角色，而学生被视为被动接受知识的接收者。这种角色分工和社交方式，往往使学生更多地采取被动的学习方式。在这种情况下，学生可能会被教师的思想和观点所主导，而难以发展自己的独立思考能力和学习动机。学生可能会尽力适应教师所设定的学习环境和要求，而缺乏对学习过程的主动探究和批判性思考。然而，在学习型社会中，学习者的身份要求学生能够主动参与学习，拥有自主学习的能力和动机。学习者应该具备对知识和观点的独立、批判性思考能力，并能主动寻求不同视角和观念的理解。

因此，学习型社会中的学习者身份要求学生能够发展自己的学习主体性，从被动接受者转变为主动探索者。学生需要培养自己的学习兴趣和动机，善于独立思考、发现问题并解决问题。教育制度应该鼓励学生主动参与、自主学习和合作学习，从而激发学生的学习潜能和创造力。

无论将当今社会称为"学习型社会"还是"创新型社会"，在这样的社会中，学习者都需要具备主动性，拥有学习的自主权和明确的学习目标，最终成为负责任的学习主体。学习者也应该参与教学决策，他们不仅是方案的制订者，还是问题的解决者。

在社会性方面，学习者应该意识到自己不是孤立的学习者，而是学习共同体的一员。他们与其他成员相互依赖，才能达到更好的学习效果。学习者应该知道自己的观点和他人的观点可能不同，这是正常的现象。然而，学习者应该对这些不同的观点持尊重的态度，并在与持有不同观点的学习者协商过程中与集体共同成长。这种社会性的学习方式促进了学习者与他人的合作和协作，创造了一个共同学习的环境。通过交流、互动和合作，学习者可以相互借鉴、共同学习，使学习过程更加富有成效。这种学习方式也培养了学习者的合作精神、团队合作能力和社会责任感，有助于他们将学习中的知识和技能应用于实践。

在学习型社会中，学习者的学习活动是与环境以及其他参与者进行互动的过程。这种互动有助于知识的建构。学习者参与的学习活动具有真实性，意味着他们可以合法地加入科学家的共同体中。他们有机会跟随领域专家、教师和其他成人实践者学习，从中获得寻找、识别、评价和利用信息资源的能力，并能够灵活处理不同情境下的问题。

学生向学习者的身份转变是一个重要的学习过程，它意味着学生不再仅仅是被动地接受知识，而是积极主动地参与学习，掌握自己学习的方向和目标。在这个转变过程中，学生需要改变他们的学习观念和学习方式。

首先，学生需要从传统的记忆和背诵的学习方式转变为思考和理解的学习方式。他们需要学会提问、分析和综合，而不仅仅是传递和消化知识。同时，学生需要从被动的学习态度转变为主动的学习态度。他们需要积极主动地参与课堂讨论、团队合作和实践活动，从而加深对所学知识的理解和应用。

其次，学生还需要从关注分数和奖励的结果导向转变为注重学习过程和个人成长的过程导向。他们应该明白学习是一个长期的过程，不能只关注短期的成绩，而是要注重知识的积累和能力的提升。最重要的是，学生需要从被动学习转变为积极参与学习。他们应该主动参与学校、社区和社会的学习活动。

教师身份的转变应与学生身份的转变相一致，这也是教育领域中的一个重要议题。教师应该意识到自己需要成为学习的领导者和示范者。教师应该成为专家学习者。这意味着教师要不断深化自己的学科知识，持续学习新知识和新技能，并且不断更新自己的教学方法和策略。教师应该积极参与专业发展活动，与同行进行交流和合作，不断提升自己的专业素养和能力。教师还应成为学生学习结果的评价者。教师需要具备评价学生学习成果的能力，不仅仅是看重学生的得分，更要关注学生的学习过程和能力发展。教师可以采用多样化的评价方式，包括项目作业、小组讨论、表现评估等，以全面了解学生的学习情况。教师还应当成为学生的合作伙伴和导师。教师可以积极促进学生之间和师生之间的合作学习，鼓励学生相互支持和协作。同时，教师也要提供积极的反馈和指导，帮助学生发现和实现自己的学习目标。

最后，教师应该成为学习的创新者和探索者。教师应该敢于尝试新的教学方法和工具，鼓励学生进行自主学习。通过鼓励学生的创新和探索，可以激发学生的学习动力和兴趣。

（三）形成学习者身份的具体条件

如果我们有机会置身在某一种文化中，就能够观察并实践这些文化中成员的行为，并自然而然地学会贴切地运用方言土语，表现出地道的当地行为，并慢慢地开始依照这一文化中的规范来为人处世。这种类型的学习效果其实是潜移默化的，并且通常是明确的教学无法达到的。

然而，对学校教育进行反观，不难发现，我们更多的是不给学生机会参与到相关领域的文化中。从人类学家的观点进行分析，文化其实就是一个由技术、程序组成的工具箱，人们能够借此来理解并管理人所面临的世界。虽然在学校文化中，学生也会用到如分析方法、字典、研究程序及公式等，但仅有部分学生有效进入文化—工具系统，并且仅仅局限于学校自身的文化。

当我们对一些大学生不会提问、没有质疑以及缺乏创意等行为进行抱怨时，我们应该倍感遗憾的是，他们所接受的教育文化其实就是以接受、记忆、顺从和追求统一答案为特征的文化，在这些学习群体中，有一部分人几乎没有机会体验真正的探究并接触真实的问题。换句话说，他们所缺乏的是通往质疑、批判以及创意的教育文化的通道或者入口，他们从学校走向社会，其实就像跨越一种文化鸿沟那样艰难。

学习共同体的真正价值就是给学生提供这样的机会，在各个不同的学习者、实践从业者、教师以及专家所组建的学习共同体中，借助于一些真实或者仿真的实践活动，来实现代际或者同辈间的异质交互，将这些真实世界中的学习方式带入课堂和学校。总之，就是将学习看成是一种进入文化的过程，同时也是进入一个实践共同体的过程，学习共同体的作用就在于将学生带入一个实践入口，并为学生建立学习者身份提供通道。但是，与进入文化相伴随的是，学习活动应具有真实性。在很多西方学者看来，学校学习是一种非真实性的活动。于是，早在20世纪80年代末，西方学者就强烈呼吁，应把学生置于最真实的活动中，去体验学科领域概念工具的运用，教师在其中是实践从业者，应像实践从业者那样借助于工具的使用来解决问题。

二、学校教学共同体

（一）学校教学共同体建立的必要性

1.孤立向合作的转变

合作是当前促进个体与组织发展的必要手段。合作有利于教师超越个人反思的局限，有利于组织打破界限壁垒，共享资源，合作共赢。专家引领、同伴互助、个人反思是教师专业发展的三个重要途径，这三个途径表明教师专业发展离不开教师与专家、教师与教师之间的对话、交流与合作。

在当前大力推动教育发展的背景下,教师成为决定教育质量高低的重要因素,因此,教师应不断寻求专业成长以调整并丰富教师的知识结构,提高教学水平。人是社会关系的总和,需要在交往中学习、在情境中学习。当前,教科研已广泛开展起来,但教育资源的有限性与单一性使得教师普遍孤立无援,不利于提高教科研水平,也不利于资源的整合。

著名教育家叶澜教授认为现代学校的内涵在学校结构层面上,主要表现为两个向度的开放,一是向外的,对网络、媒体的开放,对社区、社会的开放;二是学校间、相关教育机构的相互开放。① 由此可见,寻求合作是现代教育的必然选择。学校教学共同体开放、包容、兼收并蓄等特性契合了现代教育的内涵,同时它也提供了这样一个可供教师由孤立学习转向交往与协作学习、共享集体智慧的平台,可供教育共享资源、共享发展成果的平台。因此,学校教学共同体建设有其必要性。

2. 低层次需求向高层次需求的转变

马斯洛需求层次理论表明只有当低层次需求得到满足以后,才会追求高层次需求的满足。现有的良好的政策环境与社会环境,使得诸多教育组织获得了良好发展,摆脱了生存困境,开始谋求发展,开始思索如何提高教学质量以满足学生享受优质教育的需求。

教育组织普遍发现提高教科研水平是提高教学质量的关键举措,但教育资源的有限性以及同一种教育组织文化环境中教师的同质性限制了学校教科研水平的有效提升,因此,谋求校际合作与交流成为满足较高发展需求的必经之路,而区域内校际教学共同体创造了一个共享资源、同质促进、异质互补、整合碎片化资源发挥 1+1 > 2 效果的契机,这与学校发展的需求不谋而合,因此区域内校际教学共同体的建设有其必要性。

3. 单向均衡向双向均衡的转变

在教育公平与教育均衡的追求中,一直以来都是行政管理从上往下推进的,这种"外控式"推行教育均衡的管理模式是我国教育管理的必然选择。我国教育长期以来通过各级教育行政部门由上而下进行垂直领导。在这种制度安排下,推行教育均衡的主体是国家及教育行政部门,它们综合调配教育资源,依据行政命令在一定程度上大大推进了学校教育均衡,实现教育公平。

但从上而下的管理方式较为简单和封闭,按部就班,缺乏活力,难以应对更加复杂的变革环境。为充分实现区域内的教育均衡,除从上往下地强势推进外,

---

① 叶澜. 实现转型:新世纪初中国学校变革的走向 [J]. 探索与争鸣,2002(7):10-14.

还需要从下往上自主发展，实现在新的环境背景下，纵向传递、相互融合。推进教育均衡、实现教育公平是一项系统且任务庞杂的工作，行政的命令难以触及教育的各个环节，即使触及各个环节，相关教育主体不一定能够正确贯彻执行，下级单位缺乏自主权，也难以灵活应对非均衡状况。要实现学校教育均衡，从单向均衡转向双向均衡，那么从上而下、从下而上的两条线必不可少。区域内校际教学共同体将一定区域范围内的学校联结起来，自发联动共享资源，共享发展成果，共同提高，可有效缩小校际的差距，推进区域内学校教育的均衡发展。

（二）学校教学共同体建立的可行性

1. 环境可行性

按照布朗芬·布伦纳（Bronfen Brenner）的生态系统理论，环境包括宏观、中观和微观三个层次。宏观环境涉及教育理念、教育相关政策，中观涉及学校变革，微观具体到教师个体。

宏观环境的支持。构筑终身教育体系、创建学习型社会成为21世纪的时代主题，因此，教师终身学习成为一种必然的趋势。在现代信息化社会，人类的知识以惊人的速度增长着，个人所掌握的知识极为有限，要想在社会上立足，需学会学习，需学会与他人交流与合作、共享知识，这为教学共同体的产生创造了现实可能性。另外，教育的相关规范、政策、文件等为学校教学共同体的构建营造了良好的政策环境。

中观环境的支持。在国家大力发展公办学校，积极扶持民办学校，切实加大投入，为教育发展提供有力的经费保障的情况下，各个学校办学条件得到改善，已经摆脱了生存的困境，开始考虑如何追求质量、追求卓越。教科研是学校提高教学质量的重要途径，因此，学校教学共同体的建立是满足学校发展需求的必然之举。

微观环境的支持。教师专业发展的需求推动着学校教学共同体的建设。教师需要通过深入的交流、分享来提高教师的专业能力，从而达到专业知识的增长；通过合作与协作的实践活动来重构教育教学实践经验，这些活动都能通过学校教学共同体得以实现，因此，教师的需求推动了学校教学共同体的建设。

2. 资源可行性

资源可行性可按照人、财、物等层面展开，从人员的参与、财力及物力的支持以及技术支持等方面论述学校教学共同体建设的可行性。人员的参与主要指有关学校教学共同体的各参与主体与协调主体的参与。教师的专业发展需求、学校的可持续发展，以及教育主管部门推动地区发展的责任等都决定了这些主体具有参与的意愿，并且能够参与到教学共同体活动中。

在财力、物力方面，一般情况下学校都有可供教学活动开展的场地、设施，如会议室、电脑、教学书籍等以满足工作需要，并且学校每年单列一定经费专供教科研使用。另外，教育行政部门为推动教育发展，相应地也会给予一定的财力支持。技术支持指工作人员的信息技术支持，教师及其他相关参与者都具有一定的信息搜索、处理及传播的技术水平，能够进行相关教育资源库建设。教师能利用网络获取信息资源、开展教学活动，利用交流软件缩短沟通的距离，减少沟通的成本。基于上述必要性和可行性，学校教学共同体的建立成为推动我国教育发展的重要选择，这为后续研究奠定了坚实的基础。

三、学校文化共同体

（一）健康和谐的人际文化

1.教师与领导：共同学习，亲密合作

从本质上讲，领导与教师之间是同志关系，然而在工作上，却有着上下级之分，是管理和被管理的关系。从共同体理论的视角出发，校长仅仅是团队中的一员，与其他领导和教师共同组成一个团队，肩负着共同的责任：助力学生健康成长，促进教师专业成长，以及维护学校的持久发展。管理层需要紧密团结，积极倾听教师的心声，采纳并接纳教师所提出的合理意见和建议，关心他们的生活，充分信任他们的工作，与教师一同学习并共同制定决策，形成一种"学习＋激励"的模式。这能让教师感受到学校是一个温馨的大家庭，学校内部营造出一种尊重人、理解人、关心人的良好人际关系和文化氛围。

2.教师与教师：同行相亲、相助

在传统教育中，教师往往从事的是个体劳动，他们在组织教育教学活动时大多依靠个人的力量来独立解决不断变化的各种问题。然而，基于共同体理论的和谐人际文化观强调合作、团队的重要性，同时也尊重个性和自我。在这种观念的引导下，教师之间应该摒弃隔阂、相互合作。

教师之间的合作主要包括不同年级教师之间的合作、同一年级不同学科教师之间的合作、班主任和任课教师之间的合作等。教师之间的差异，如教育背景、教育教学经验、年龄、性别、任教学科以及兴趣、爱好、特长、能力、气质、性格等, 为教师间的合作互动和优势互补提供了广阔的空间和巨大的潜能。年级的顺畅衔接、学科的完美配合以及教育的一致性, 特别是新课程所倡导的集体备课等, 都离不开教师间的紧密配合。实际上, 教师越是能够在一起工作和学习, 效率就会越高, 形成"合作性同事"关系也会越顺利, 每个人都将成为推动对方前进的重要力量。教师相互支持、通力合作的关系将更加紧密。

3. 教师与学生: 共同成长, 体验成功

教师与学生的关系是学校中最基础且重要的关系。教育教学的核心在于教师和学生的教与学, 这两者组成了教学共同体, 而这个共同体的核心在于师生间的协作和互动。可是, 传统的学校教育对学科知识的强化容易导致师生间缺乏沟通、关系紧张、感情冷漠。

和谐人际关系理念主张, 我们应该致力于创建民主、平等以及能够促进个体发展的师生关系伦理, 重新塑造温馨且感人的师生情感, 优化师生之间的情感关系。在民主、平等、和谐的氛围中, 教师和学生互为师生, 亦为朋友, 形成了亲密、友爱、充满人情味的伙伴关系。这样一来, 学习过程变成了师生共同度过的生命历程, 而知识的构建过程也变成了情感交流和心灵沟通的过程。

(二)团结合作的学习文化

学习型学校是 21 世纪最成功的教育机构。传统学校的教育模式中, 教师常常各自为营, 缺乏交流、合作与资源共享, 这种"单打独斗"的模式既不利于学生的学习成长, 也阻碍了教师专业的持续发展。因此, 一种团结合作的学习文化至关重要。学习型学校以团队合作、持续学习为核心, 注重培养学生的创新能力和实践能力。通过创新教育教学模式和方法, 为学生和教师创造一个更加开放、共享、创新和充满活力的教育环境。

这种学习型学校的特点体现在以下方面。首先, 它高度重视学习的价值。学校领导、教师和学生都能够明确认识到, 学习并不仅仅是提供信息和产生新的观点或方法, 更是推动行为改变和个体成长的力量。学习是改变自我、提升综合能力的关键。其次, 学校关注教师和员工的学习需求。通过了解和分析教师和员工的需求, 学校能够提供有针对性的支持和资源, 以满足他们的学习需求, 从而促进他们的专业发展和个人成长。再次, 学校崇尚学习的精神, 通过积极塑造信任、开放的团体学习气氛, 建立崇尚学习的学校文化精神; 通过鼓励学习、分享知识和经验, 学校培养了互相学习、互相支持的氛围, 形成了积极向上的学习文化; 通过制定具体的实施策略和建立发展性的激励与评价制度, 学校鼓励成员的学习,

特别是教师的团体学习。在这种文化中，校长以首席学习者的身份参与其中，成为学习的参与者和领路人，唤醒和感召教师的学习动力，并与教师建立一种"同步学习"关系。最后，教师积极合作，努力创造多样化的团体学习方式。在不断的合作中形成信息交换、广泛讨论、深度讨论等合作性学习方式，以团队的优势，分析、解决遇到的困难，共同消除影响持续学习的障碍。这种团结合作的学习文化将使校长和整个领导层更加团结，以正确引领教师的学习，使其获得"持续性"发展，并且在教师间形成"合作性同事"关系，使所有教师既能再生、又能共生，形成富有生命力的、和谐的"学习共同体"，加速学校文化的形成。

（三）交往互动的课堂文化

课堂是师生对话、交流、互动的主要场所。传统教学模式注重教师的教授和控制，而忽略了学生的主体性和独立性。这种教学方式往往将学生视为被动的接受者，将知识塞给学生，学生缺乏主动的参与和思考。

然而，现代教育理念认为教师和学生之间应该是一种平等的合作伙伴关系，课堂应该是师生之间进行对话、交流和互动的场所。学生应该成为学习的主体，具有自主学习和思考的能力，而不仅仅是知识的接受者。在这种教学模式下，教师的角色应该转变为引领和引导学生学习，而不是简单地传授知识。教师应该鼓励学生提出问题，激发学生的思维能力和创造力，培养学生的自主学习和解决问题的能力。教师应该创造一个积极的学习环境，鼓励学生之间的合作学习和思想碰撞。同时，学生应该被赋予更多的学习自主权，教师应该尊重学生的个体差异和多样性，鼓励学生发展自己的兴趣和特长。学生应该参与课堂讨论和活动，发表自己的观点和意见，通过与他人的交流和合作，提升自己的学习和思考能力。

现代课堂文化观认为教学应该是教与学之间的交流互动，师生之间的互相启发和共同发展。在这种教学模式中，教师和学生相互学习。这种教学方式高度重视师生之间的对话和沟通。教师不但要传授知识，还要鼓励学生主动提问、思考和表达自己的观点。教师要倾听学生的意见和想法，与学生共同探讨问题，解决问题，从中获得新的思考和启发。学生也在这个过程中成为教师，分享自己的知识、经验和观点，促进彼此的成长。

在这个学习的共同体中，师生之间建立了一种平等的合作关系。教师不仅是传授者，也是学习者和引导者，帮助学生发现问题、解决问题和扩展思维。学生不再是被动的接受者，而是主动参与学习和思考的主体。通过这种教学方式，教师和学生共同负责课堂上的学习和成长。他们共同追求知识的获取和理解，共同探索问题和思考解决方案。师生之间的互动和合作有助于促进学生的学习和兴趣，提高他们的学习效果和能力。

总之，现代课堂文化观将师生关系重新定义为互教互学的关系，强调师生之间的对话、交流和共同体验。这种教学方式有利于激发学生的主动性和创造力、培养学生的批判性思维能力和合作能力、促进他们的全面发展和成长。

（四）以人为本的管理文化

传统的学校管理模式通常是自上而下的层级式管理，校长和教师被视为管理者，而学生为被管理者。这种模式会忽视学生的内在需求和教师自我发展的需要。此外，学校往往忽略自我变革和发展。

基于学习共同体理论的管理文化关注的核心不再是规章制度和控制手段，而是以人为本、共同参与以及民主管理。它关乎着学校共同目标的设定和未来的发展方向。具体来说，这种管理文化主要表现在以下三个方面。首先，以人为本。这一理念在学校管理中表现为重视人文关怀和道德情感，致力于唤醒人们的良知，实现师生的"自由发展和智慧成长"，进而促进师生的相互了解。其次，共同参与。这意味着学校管理层应提供必要的支持，积极促进教师的学习和发展，并鼓励教师团结协作，共同参与到学校的管理工作中来。最后，民主管理。这意味着学校的领导层应该让教师参与到决策的制定和执行中来，实现权力的共享，加强互信，推动学校朝着更加民主的方向发展。

第三节 学习共同体与社会关系

学习共同体是一种能够促进学习者的信息交流和社会强化的学习方式。因而，学习共同体不同程度地与社会存在着关系。社会的文化背景、社交互动、社会支持和知识传承等方面对学习共同体的形成和发展产生了重要影响，同时学习共同体也通过培养合作和社交能力，加强了学习者与社会的联系和互动。下面就围绕学习共同体与社会的关系进行解析。

一、学习共同体的社会性解析

（一）人际关系、社会交往互动关系层面的解析

与他人进行交流、参与社会实践活动是人作为社会性动物的必然行为。人们通过与他人的交流和互动来分享知识、理解和共享社会文化，并通过参与实践活

动来应用和建构知识。社会实践活动的条件和环境确实对人们的社会性实践活动起到重要的支持作用。人们需要一定的学习空间、社交平台和资源来进行学习和实践。这些物质条件能够提供学习者与他人交流和互动的机会，构成学习共同体，并促进知识的共享和建构。

学徒制就是一种非常充分地体现了社会性的学习模式。在学徒制中，学徒聚集在师傅周围，通过观察和被观察的方式来积累经验和学习技能。学徒之间的交流和互动也是非常重要的，他们可以相互学习、分享经验，并共同成长。同时，师傅之间也通过相互作用来组织学习，并进行明确的社会实践活动，这有助于学徒将知识应用到实际中去。物质条件是支持人们社会性实践活动的重要因素。学习需要一定的空间和环境，这包括可以容纳师徒的场所，需要提供所需资源和工具，以及创造良好的学习氛围。这种空间和环境的存在，能够为人们的学习和社会性实践提供支持和便利。

在教和学的学习活动中，教师和学生之间的交往和互动是非常重要的。他们的交流和互动不仅有助于建立良好的师生关系，还能够改善学生的学习效果和激发学生的学习动力。在特定的文化背景和情境下展开的交往和互动，可以帮助学生更好地理解和应用所学的知识。教师可以通过与学生的互动，激发学生的思考和求知欲，引导他们积极参与学习活动。学生之间也可以通过互动和讨论，相互学习和分享经验，共同拓展知识。另外，学生在学习和社会实践中，需要不断将所学的知识进行转化和应用。他们需要将零散的知识点进行综合和概括，形成更深层次的理解和认识。同时，他们还需要运用所学的知识来解决现实问题，并进行假设和检验，从中获取新的经验和认知。

在教学活动中，教师应该将知识建构作为教学的着眼点，激发学生的思维活动，促使他们积极参与学习过程。传统的信息传递式教学模式，仅仅侧重于教师向学生传授知识，而学生只是被动地接受和记忆。这种教学模式不能有效地促进学生的思维活动和知识建构。相反，通过激发学生的思维活动，将他们作为学习的主体，能够更好地激发学生的学习兴趣和动力，并培养他们的高级思维能力。在设计学习环境或组织学生进行学习时，应该注重激发学生的思维活动。教师可以提供开放性的问题或挑战，引导学生运用已有的知识和经验进行分析、解决问题或进行创造性思考。教师还可以采用探究式学习、合作学习等教学方法，鼓励学生积极思考、提问和讨论，以促进他们的深层次理解和知识建构。

学习共同体作为一种学习方式，强调学生之间的合作和共享。在学习共同体中，学生与教师共同组成一个学习团体，通过互动交流、问题探究等方式，共同构建知识。学习共同体中的学生都处在学习的氛围中，这种氛围鼓励他们主动参与学习，共同解决学习中遇到的问题。学生通过互相沟通和交流，分享自己的初步见解和观点，并将这些观点公开于公共知识空间中。其他学生可以对这些观点进行评价、质疑、完善，促进思维和知识的深入发展。

通过在公共知识空间中相互交流和对话，学生不仅能共同推动知识的增长和发展，还能借助他人的见解和反馈促进自身知识的增长。这种共同学习的过程，使学生之间形成一种互相促进、互相学习的良性循环，每个参与者都能从中受益。学习共同体的理念强调学生之间的互动和合作，将学习从个体活动转变为集体共同努力。这种学习方式有利于培养学生的批判性思维、合作能力和自我学习能力，提高学习效果和成果的质量。

与传统的班级授课相比较，学习共同体为学生提供了更广阔的知识建构空间。在学习共同体中，学生可以通过互动交流、问题解决、合作探究等方式，积极参与和贡献自己的思考和见解。相比于传统班级授课中的单向传授知识，学习共同体更注重学生主动参与和学习的互动性。在学习共同体中，学生可以充分发挥自己的思维能力和创造力，不仅能学习高级知识和技能，还能主动参与到非良构知识的建构过程中。非良构知识指的是不确定、复杂或模糊的知识，在传统的班级授课中可能很难得到很好的展开和解释，而学习共同体提供了一种更开放、多样化的学习环境，可以更好地处理和建构非良构知识。此外，学习共同体还能培养学生的高水平思维活动和知识的有效建构与迁移。通过与其他学习者的互动和合作，学生可以学习到不同的观点和思维方法，拓展自己的思维视野，并在对话和交流中提高自己的思维能力。同时，学习共同体也鼓励学生将所学的知识应用到实际生活中，促使知识的迁移和应用能力的发展。

总之，学习共同体相对于传统的班级授课，为学生提供了更多的学习机会和空间，培养学生的自主学习能力和思维能力，促进知识的深入建构和迁移，对学生的学习成果和学习能力发展有着积极的作用。

（二）共同的兴趣和社会文化背景

学习者的共同兴趣和愿望是协作学习的基础和前提。当学习者之间存在相似的问题和目标时，他们更容易形成合作关系，并通过对话、分享和合作实现共同的知识建构和成长。协作学习可以在很多方面带来好处。首先，通过合作学习，学习者可以共同分享不同的观点、经验和知识。每个学习者都可以不仅仅从自己的角度去理解问题，还可以借助他人的观点和思考，从而获得更广泛、深入的思考和理解。其次，协作学习可以促进学习者之间的相互影响。在合作学习中，学习者之间会进行积极的讨论和互动，互相提醒和促进对方思考和学习。这样的相互作用可以激发学习者的思维活动，增强他们的学习动力和兴趣，促进他们的学习效果和成就感。

此外，协作学习也可以帮助学习者培养合作精神和团队合作能力。在协作学习中，学习者需要学会分工合作、协调合作，同时也需要学会倾听和尊重他人的观点。这些能力对学习者未来的社会交往和职业发展都非常重要。

总之，协作学习建立在学习者的共同兴趣和愿望之上。通过合作学习，学习者可以共同构建知识体系，相互促进、相互影响，并培养合作精神与团队协作能力。这种学习方式有助于提高学习效果，增强学习者的思维能力和社交技能。学习者的心理活动、知识和学习都与社会文化背景密切相关。通过多样化的社会实践活动，学习者可以获得知识并解决问题。同时，处于相同或相近的社会文化背景的学习者更容易团结、沟通和交流，并最终达成共识，从而形成稳定的长期合作关系。因此，共同的兴趣和社会文化背景是学习共同体形成的关键因素之一。学习共同体的形成还需要其他因素的支持，例如，共同的目标、相互支持和信任的关系等。这些因素可以帮助学习者更好地合作、交流和分享知识，从而促进学习共同体的稳定和发展。

二、学习共同体中知识的社会建构

知识建构是建构主义学习理念的核心术语，指的是学习者积极主动地获得知识的过程，而不是简单地接受和复制知识。根据社会建构论的观点，知识的获得是基于共同体中各个社会成员之间的对话和交流这一社会关系层面的，因此知识的构建需要超越个人的贡献，通过共同体的合作和交流来实现。具体来说，知识建构需要经历以下过程。

①思想的形成。学习者需要思考和探索问题，形成自己的观点和想法。

②持续改进。学习者需要不断反思和改进自己的想法，不断完善自己的知识体系。

③社会关系层面。学习者需要与他人进行对话和交流，分享自己的想法和见解，听取他人的建议和批评，从而不断改进自己的知识体系。

学习共同体中学习者通过围绕共同关心的话题展开探究并形成初步的见解，然后将这些见解投入公共知识空间中，通过相互评点、质疑、改进、丰富以及汇总等，实现知识的共享和增长。学习者通过对话和交流，不断推进公共知识空间的增长，同时也促进个体知识的持续增长。这种互动和交往的过程，可以促进知识的社会建构。

　　具体来说，学习者在公共知识空间中分享自己的见解，并从他人的见解中学习和获得新的知识。同时，他们也会对别人的见解进行评点和质疑，这促使他们进一步思考和探索新的问题和领域。在这个过程中，他们不仅提高了自己的知识水平，也促进了公共知识空间的增长和改进。此外，学习共同体的成员还通过对话和交流，促进个体知识的持续增长。他们通过与他人的互动和交往，不断反思和改进自己的知识体系，并获得新的知识和理解。总之，学习共同体中的学习者通过对话、交流、交往和互动等过程，实现知识的共享和共同增长，促进公共知识空间和个体知识空间的持续增长，最终实现知识的社会建构。

第四节　学习共同体与教师专业发展

一、教师专业学习共同体概述

（一）教师专业学习共同体的含义

　　教师专业学习共同体是指教师自发组织，以提升教师专业能力和促进教师发展为根本目的，不断尝试各种自主学习模式，高度重视专业学习共同体内教师之间的学习经验交流和分析，实现互相促进、共同进步、共同发展的学习型教师组织。教师专业学习共同体对教师专业的发展具有较强的促进作用，同时也是解决教师专业发展过程中所遇到问题的有效途径。教师专业学习共同体向教师所展示的是一个相互帮助、相互协作、共同发展的理念，它可以为教师提供一个能够互相学习、交流、帮助，同时还能够使个人得到专业发展的重要阵地。

（二）教师专业学习共同体的特征

1. 共同的愿景

　　共同的愿景指的是教师学习共同体成员所共同持有的清晰的愿望和目标。这个愿景是一种感召的力量，能够让每个成员都感受到它的存在，从而激发出他们的凝聚力和创造力。同时，共同的愿景也能够培养出每个成员勇于创新改革和一往无前的精神面貌。共同的愿景必须与每个成员的个人愿景有机结合，合二为一，让每个人都意识到自己的愿景中包含着整个共同体的愿景，同时整个共同体的愿景中也包含着每个人的个人愿景。通过这种方式，教师学习共同体可以实现真正的共同发展和共同进步。

教师作为学习共同体的成员，必须将共同体的目标转化为个人的愿景。这种个人愿景不仅关乎个人的职业成就和满足感，更重要的是能够使教师体验到作为教师的尊严和自我价值的实现。教师的专业发展不仅需要实现教师的人生价值，还要实现教师的人格价值。教师的人格价值指的是教师将个人的教育活动作为一种追求和体验的境界，这是教师个人愿景的体现。反之，个人愿景的活力源自教师的专业发展，它能够促进学生的全面和健康发展，这也是教师的共同愿景。因此，建立共同愿景是学习共同体促进教师专业发展的必要途径，它能够激发教师内心的动力，使教师将个人工作视为追求人生价值和人格价值的过程，使学校成为教师展现生命力和活力的舞台。

2. 组织的自发性

我们传统的教师合作组织并非由一群教师自发地组成，因此往往会出现积极性不足的问题。由于受到行政干预，教师合作组织的目标可能更侧重于行政目标而非教师专业发展的需求，从而导致教师参与度不高，效果不佳。因此，我们需要探索一种新的教师合作组织模式，以便更好地满足教师的专业发展需求，提高教师的积极性。

教师学习共同体因为其成员已经建立共同愿景，更注重教师的自发性。这就要求团队成员以自愿的方式参与各种共同活动，公开讨论教学实践，分享自己的教育经验，并真诚地帮助其他成员。这些行为的发生不能仅仅依靠外部的激励措施，必须激发教师的内在动机，鼓励他们自发地讨论和探索问题。从这个意义上讲，只有当团队成员拥有相同的精神追求和目标时，才能形成一个高度团结和凝聚力强的团队。

3. 资源的共享性

长期以来，教师职业一直具有一定的封闭性。每个教师都在一定程度上成为自己三尺讲台的"主人"，拥有一定程度的权威。然而，新技术的广泛应用已经使得信息传播量大幅增加，信息来源渠道也日益广泛。现在，每个人都可以在网上找到自己需要的信息。在教师专业学习共同体中，过去教师之间孤立、割裂、互相提防的同伴关系已经让位于开放、联系、互助的同伴关系。一种新型的资源共享机制已经成为教师实现校内思想、信息和经验三大资源共享的"连接器"。具有共同价值观和愿景的共同体成员可以通过信息资源的优势共享，迅速丰富自己的知识经验,从而最大限度地挖掘资源的使用价值。这是教师专业学习共同体的优势,也是促进教师专业发展的重要平台依托。

4.反思的经常性

经常性地进行反思是教师专业发展的重要途径。北京师范大学教授林崇德提出,"老师好＋反思＝教学过程"[①],这充分展现了教学反思在教师专业发展中的关键作用。传统的以教师为教学"执行者"的既定程序,在教学过程中秉持的是"忠诚取向",当他们遇到突发的课堂教学情况时,往往会选择忽略,他们对具体的教学情境变化缺乏必要的警觉性。然而,经常进行"反思"的教师却并非如此,他们坚持以"一个学生的方向"为教学导向,他们不仅具备全面的知识,而且经常会对自己的教学实践进行深入的总结和反思,并能跳出具体的教学情境,对一些更为宏观的问题(如教育的价值)进行深入的思考。经过反复的推敲和梳理,这些教师将成长为拥有实践智慧的教师。教学反思可以通过多种方式进行,包括写日志、做笔记、进行文献分析等,也可以通过讲故事、信件交流、教师访谈等方式进行。在教师学习共同体中,反思并不仅仅是阶段性的、偶然发生的,而是应当常态化、频繁进行。

5.氛围的支持性

在传统的学校中,学校运营管理采取的是等级分明的科层制,校长通常代表着权威,而教师则处于接受命令的地位,很少对学校和教学事务提出建议。即使有教师试图无视等级秩序提出建议,这些建议也往往难以被采纳。然而,教师专业学习共同体的建立需要得到学校管理者的支持,特别是需要营造一个支持性的学校氛围。

新课程改革的核心理念是赋予教师和学校更多的自主权和决策权,这与教师专业学习共同体的支持性氛围理念相一致。在专业学习共同体中,教师作为学校共同体的一分子,参与学校各项事务的管理,发挥自己的作用。这种共享的领导模式可以增强教师对学校的集体认同感。教师专业学习共同体中的学校管理者将工作重心转向了实现学校的共同愿景,他们不再是行政赋权的领导,而是共同体的促进者。在进行教师专业学习共同体建设时,所有涉及学校发展大局、关系到师生利益的校务都应向全校师生公开,管理层的决策应接受学校师生的公开监督,同时要鼓励教师参与学校决策。

---

① 马智聪.教师教学道德建设中的专业意识养成[J].产业与科技论坛,2018,17(5):277–278.

二、教师专业学习共同体产生的原因及其作用

（一）教师专业学习共同体产生的原因

1. 课改带来的教师发展理念深入人心

新课程改革在开始时确实引起了轰动和热情的回应，但之后逐渐显现出疲态。然而，教师成长和专业发展的理念已经在这个过程中传递并影响到了一部分教师个体。这些教师个体可能会自发地组织起学习团队来进一步推动自己的教学发展。

在新课程改革中，教师成长和专业发展成为一个重要的观念。这意味着教师不再是传统意义上的知识传授者，而是需要不断学习和成长的专业人士。在这个理念的影响下，一些教师个体开始意识到自己的发展和成长的重要性，并积极寻找学习机会和合作伙伴。这些教师个体可能会自发地组织起学习团队，与其他教师共同学习、交流和探讨教育教学的问题。学习团队可以提供一个互相支持和共同成长的平台，教师可以分享自己的经验、思考和实践成果，并与他人进行反思和探讨。通过这种学习团队的方式，教师个体可以更好地反思和改进自己的教学实践，不断提高自己的教育教学水平。这样的学习团队不仅能够促进教师个体的成长，也有助于推动整个教育系统的发展。教师个体通过学习团队的交流和合作，可以不断改进自己的教学方法和策略，改善学生的学习效果。同时，他们也能将自己的实践经验和教学理念分享给其他教师，进一步推动整个教育系统向着更好的方向发展。

2. 网络为共同体提供了便捷的沟通平台

网络使人与人之间产生的联结越来越便捷，也使得人与人面对面的交流更为迫切。正如1+1教师读书俱乐部的发起人张文质老师提到的，在成立读书会之前，他们已经在网络上有了大量主题式的深入讨论，那时已经形成很好的讨论氛围。他们其实是把之前的网络讨论以线下与线上的方式结合起来。网络为教师学习、写作、讨论提供了比较重要的条件。网络的普及为这类读书会提供了一个很好的研讨基础。网络的研修学习使得大家对彼此的了解更深入。阅读趣味、职业志趣、专业特长的相似相近之处为读书会提供了重要的志同道合、志趣相投的基础，这样使得天南海北的朋友有可能集结起来，产生了在一起研修的需求。[①]

3. 改变教育从改变教师自身开始

教育中存在诸多弊端，一些教师意识到，教育的改革不可能完全依赖于官方

---

① 廖旺华.我同"1+1教师读书俱乐部"一起走过的10年[J].福建教育，2017（26）：62-63.

的政策机制，而更需要民间的力量，要走群众路线，留心洞察群众中的创新思路。这些教师有着"不能改变制度，那就改变自己"的决心，从自身能改变的地方做起。这些民间团队无一例外地从推动阅读开始，他们相信阅读的力量，相信阅读带给人精神的改变。

4. 多元开放的文化的冲击作用

教育在任何时候都不是孤立存在和发展的。随着经济的快速发展，社会和文化领域也被注入了新的活力和动力，这大大改变了过去因循守旧、人云亦云的社会风气。同时，经济的迅速发展也激活了广大民众的创造智慧，开启了求真务实、民主开放、开拓进取的观念。在这样的社会环境中生活的教师，也逐渐养成了锐意进取的精神，他们不再被传统束缚，也不再墨守成规。相反，他们以勇于创新的精神，不断进行教育领域的变革和探索。

（二）学习共同体实践对教师专业发展的作用

1. 教师专业学习共同体为校本研修提供专业支持

在当前，校本研修是教师专业发展的根本组织依托，校本教研、校本培训都是校本研修的具体组织形式，这些研修活动形式其实都是教师专业学习共同体的表现形态。

我们着重探讨校本教研这个话题。校本教研，又称以校为本的教学研究，其主旨涵盖了三个方面："为了学校""在学校中"以及"基于学校"。这种研究方式主要以学校教师为研究主体，采用行动研究作为主要的研究方法，围绕着教学实践中的现象与问题展开。校本教研这一新型研究方法的出现，旨在解决长期以来教学理论与实践相脱节的问题。过去，人们普遍认为教育研究是研究人员的专责，认为教师只要按照大纲扮演好"教书匠"的角色就足够了。这种观念导致一线教师对教学理论产生了畏难情绪，甚至产生抵制情绪。

校本教研的兴起就是为了消弭教育理论与实践之间的鸿沟。它直接针对实际教学问题的处理，而不是构建某种理论体系，旨在改进教学实践，从而提高教学效果。这种研究活动植根于教师的日常教学工作中，鼓励教师研究自己的优势领域。这并不意味着校本教研排斥专家学者的介入，相反，这种前所未有的新型研究方式并不为教师所熟知，因此更需要专家学者的协助。在教研组织过程中，教师会遇到各种各样的问题，这就需要他们克服自我封闭的心态，以开放的心态寻求各方支持，尤其是在遇到同伴协商也解决不了的问题时，教师就必须咨询专家学者。这样，教师和专家学者之间就更容易形成一个灵活多变的专业学习共同体。

在这个教师学习共同体中，所有成员都以积极平等的姿态展开合作。这与以往的专家主导型教师研究组织有所不同。在教师学习共同体中，所有成员都可以分享自己的见解和经验，通过相互学习和合作来共同解决问题、提高教学质量。

2. 教师专业学习共同体为案例研究提供实践智慧

教师专业学习共同体的物质基础是多种研修活动，其中最常见的是案例研究。这种案例研究活动实际上就是一种案例教学。案例教学最早起源于哈佛大学的工商管理硕士教育，该校商学院为了使教学更贴近企业实际运作，邀请了一些企业主管来传授企业实践经验，并与商学院的学生进行交流。经过数十年的推广，这种"用丰富的叙述形式向人们展示教师和学生的典型行为、思想、感情在内的故事"的方法也被引入教师教育领域。它的核心是培养教师面对多变教学情境时创造性解决问题的能力，而不是获得具体的理论和规则。

在教师专业学习共同体中，一项重要的活动是案例探讨。在案例探讨过程中，教师可以自由地分享自己的观点和见解，这不仅锻炼了自己的表达能力，而且有助于学会对教学中的问题进行反思，并刺激教师教学实践智慧的形成。教学领域的实践非常丰富，但相关的记录并不齐全。因此，教师的教学视频或反思日记成了最直接、最生动的教学研究素材。这些素材可以展现教师在教学过程中遇到的问题以及解决问题的策略，同时也可以提供教师进行研究和合作的机会，进一步促进教学质量的提高。通过这种共同体活动，教师可以共同探讨教育教学实践中的问题，分享经验和知识，并相互学习和支持。这种共同体活动不仅有助于提高教师个人的专业素养，也有助于推动学校教育教学的发展。

在教师专业学习共同体中，教师通过观摩教学录像、对其他老师进行听评课以及案例研究等方式，鲜活地学习并应用教学知识，从而提升自己的专业水平。在这个过程中，案例研究有着特别的作用。教师能够通过案例研究来反思自己的教学实践，发现和解决其中的问题，同时从案例中汲取经验和智慧。案例研究的另一个重要作用是，它可以帮助教师对实践中的"缄默知识"进行反思和探究。这种知识是结构性不强、不确定的，但又是非常重要的实践智慧。通过案例研究，教师可以细致地分析看似细碎的教学场景，从而产生新的教学知识和实践智慧。因此，案例研究是教师教学知识的重要来源之一，它可以帮助教师在专业学习的道路上不断提升自己的实践智慧和专业水平。

3. 教师专业学习共同体为同伴互导提供平等氛围

随着新课改的实施，校本教研制度得到了进一步的推广，为教师专业发展提供了一个良好的平台。教师同伴互导是校本教研的一个重要组成部分，它的自然延伸就是教师专业学习共同体的产生。

教师同伴互导是教师之间相互指导、相互学习的一种方式，它强调了教师之间的合作和分享，为教师提供了专业发展的机会。通过教师同伴互导，教师可以相互学习、交流和分享教学经验，从而提升自己的教学能力和专业素养。教师专业学习共同体的产生是教师同伴互导的自然延伸。它是一种由教师自愿组成的，以共同学习、共同研究、共同成长为目标的学习共同体。在专业学习共同体中，教师可以共同探讨教育教学的理论和实践问题，共同研究学生的学习特点和发展规律，共同分享教育教学资源和经验，从而促进教师的专业发展和教育教学质量的提高。

因此，校本教研和教师专业学习共同体是相互促进的。通过校本教研，教师可以得到专业发展的机会；而通过教师专业学习共同体，教师可以实现更高层次的专业发展和教育教学质量的提高。

传统的教师文化可能导致教师缺乏互相学习、共同进步的机会，进而影响教师的专业发展和教育教学的效果。传统的教师文化可能受到多种因素的影响，例如，教育体制、学校管理、教师培训和教师价值观等。在传统的教师文化中，教师通常被视为独立的工作者，强调个人的能力和表现，而不是团队的合作和分享。这种文化可能会导致教师之间的竞争和孤立，缺乏信任和合作，从而阻碍了教师的专业发展和教育教学的提升。

为了改变这种文化现状，需要倡导积极的合作文化，鼓励教师之间的交流、合作和分享。通过建立合作文化，教师可以相互学习、共同探讨教育问题，分享教学资源和经验，提高教育教学质量。同时，合作文化也可以促进教师之间的互信和友谊，增强教师团队的凝聚力。

同伴互导是教师专业学习共同体的内在生成机制，其实质是教师之间的真诚合作。教师通过共同阅读讨论、案例研究、示范教学以及系统性的课堂观察与反馈等途径，分享信息、共享资源，并相互学习、共同进步。这有助于提高教学技能、提高教学质量，并促进教师自身的专业发展。教师同伴互导强调了教师作为学习共同体的主体地位，以及教师之间的平等参与和共享过程。同伴互导不仅是一种专业发展的途径，更是一种教师间的互动和交往方式，它有助于建立互信互助的教师关系，并促进教师团队的凝聚力和合作精神。因此，同伴互导对于教师专业发展和教育教学质量的提高具有重要意义。教育机构和学校应该积极倡导和推行同伴互导，为教师提供更多的合作学习和共同发展的机会，以促进教育教学的不断改进和发展。

　　同伴互导的形式多种多样，包括经验分享、座谈会、专题讨论等。例如，观摩分析教师的教学过程可以帮助新手教师成长，同时对有经验的教师来说也是一次学习、反思的良好机会；在教研组的合作式备课中，解答别人问题的过程也是教师学会合作、沟通和分享的过程；在沙龙式研讨中，教师围绕共同关心的问题展开讨论，不断获得实践性智慧。这些同伴指导的形式不仅可以帮助教师提高教学质量和专业素养，同时也为教师提供了平等交流和学习的机会。教师专业学习共同体提倡的专业发展方式正是通过这些机会实现的，这为教师积极、自主地改进教学和提升专业素养提供了一个良好的氛围。

　　因此，同伴互导是教师专业发展的重要途径之一，它能够促进教师的合作学习和共同发展，为教师之间的交流和互动提供了一个良好的平台。教育机构和学校应该积极倡导和推行同伴指导，为教师提供更多的学习和交流机会，以促进教育教学的不断改进和发展。

第六章　大学英语教师专业学习共同体存在的问题与影响因素

随着经济全球化的不断深入，英语作为国际交流的主要语言，其重要性不言而喻。大学英语教师作为培养学生英语能力的关键角色，其专业素质和教学能力的要求也越来越高。为了提高大学英语教师的教学水平，许多教育机构和大学开始关注专业学习共同体的建设。然而，在实践中发现，大学英语教师专业学习共同体仍存在一些问题。基于此，本章围绕大学英语教师专业学习共同体存在的问题和大学英语教师专业学习共同体的影响因素进行深入研究。

第一节　大学英语教师专业学习共同体存在的问题

大学英语教师专业学习共同体是一种促进教师专业发展的组织形式，在实践中面临多种问题。这些问题主要包括组织学习能力有待提高、没有贯彻以学生为本的思想、合作意识不强、教学方法滞后和反思习惯欠缺等。

一、大学英语教师的组织学习能力有待提高

在当前的大学英语教师专业发展中，一个普遍存在的现象是一些教师，尤其是之前在教学方面表现出色的英语教师，一旦获得认可之后，往往年复一年地沿用相同的教案和教学方式，未能及时关注社会发展和学生需求变化对大学英语教师提出的新的要求。在大学英语教师专业发展中，还存在着另一种现象：许多英语教师在刚踏上教学岗位时充满热情和抱负，渴望为英语教育事业做出贡献。然而，随着时间的推移，一部分教师逐渐适应了工作环境，形成了自己的教学方法。他们认为自己已经熟练掌握了这种教学方法，所以忽视了继续学习的重要性。这种想法阻碍了教师的成长。

二、大学英语教师的合作意识不强

教师合作意识不强的问题一直是大学英语教师专业学习共同体所面临的挑战。在教育领域中，教师之间的合作通常被视为提高教育质量的关键因素之一，特别是在大学英语教学领域，教师合作意识的重要性更加凸显。然而，在实际的教学工作中，教师往往更倾向于独立开展工作，缺乏与其他教师进行合作的意愿。

教师合作意识不强在大学英语教师专业学习共同体中产生的影响是显而易见的。首先，由于教师缺乏合作精神，导致彼此的信息和经验无法得到有效的交流和分享，从而使得教学质量和效果难以得到提升。其次，教师合作意识的缺失也阻碍了教师专业的发展。在缺乏合作的环境中，教师很难获得来自其他教师的有益建议和反馈，无法及时了解自身在教学方面的不足之处，也难以有效地解决教学中所遇到的问题。

三、大学英语教师的反思习惯欠缺

大学英语教师专业学习共同体是一个至关重要的领域，它关乎英语教育的质量和效果。然而，近年来发现，在这个共同体中存在着一个严重的问题——反思习惯的欠缺。这不仅影响教学质量，还阻碍了他们的专业发展。

大学英语教师专业学习共同体是一个由教师、教育管理者、教育研究人员等组成的团体，他们通过协作、交流、分享等方式，共同促进大学英语教学的改进和发展。然而，在实践中，这个共同体的部分成员缺乏反思习惯。他们往往满足于当前的教学状态，不愿意或者不知道如何对自身的教学实践进行深入的反思。

缺乏反思习惯的负面影响是多方面的。首先，教师没有对自身的教学进行深入的思考，可能导致教学质量下降，影响学生的学习效果。其次，教师缺乏反思习惯也会影响其专业发展。一个教师如果只是简单地重复过去的教学经验，而不去思考如何改进和提高，那么他很可能无法适应新的教育环境，无法实现个人和专业的双成长。

第二节　大学英语教师专业学习共同体的影响因素

大学英语教师专业学习共同体是一种促进教师专业发展和提高教学效果的组织形式，其重要性日益凸显。然而，影响这种共同体形成的因素是多种多样的，需要进一步探讨。本节将深入研究大学英语教师专业学习共同体的影响，以及影响大学英语教师专业学习共同体建设的因素。

一、大学英语教师专业学习共同体的影响

随着教育信息化的不断推进，教师专业发展逐渐成为教育领域关注的热点。大学英语教学作为高等教育体系中的重要组成部分，其教师的专业发展也备受关注。近年来，学习共同体这一概念被广泛运用到教育教学研究中，它为大学英语教师专业发展提供了新的思路和途径。因此，构建基于学习共同体的大学英语教师专业发展模式显得尤为重要。任何事物的发展都具有两面性，大学英语教师专业学习共同体也不例外。在提升教师专业素质和推动教师间的协作方面，教师专业发展计划能够发挥积极的作用。然而，如果没有进行妥善的规划与引导，它也可能带来负面的影响。

（一）积极影响

1. 提供良好的交流平台

学习共同体可以为大学英语教师提供良好的交流平台。在传统的大学英语教学模式中，教师之间的互动和交流往往局限于教研室或者学校范围内，缺乏更广阔的视野和资源。在学习共同体中，教师可以通过网络平台、学术会议等形式与不同地区、不同学校的同行进行广泛的交流和学习，分享彼此的经验和实践成果，从而拓宽自己的知识面。

在大学英语教师专业学习共同体内，教师可以构建一个共享、协作、互动的交流平台，以便于彼此的教学经验和资源共享。这个平台不仅可以提供教学资源的整合与分享，还可以为教师提供一个课后反思和讨论的空间，共同探讨教学过程中遇到的问题和解决方法。

在共同体内，教师可以参加线上和线下的交流活动，以便于更好地进行跨文化交流和合作。这些活动可以包括教学研讨会、座谈交流、课程设计比赛等，使教师能够相互学习、共同进步。此外，共同体还可以组织定期的培训和研修项目，提高教师的专业素养和教育教学水平。

大学英语教师专业学习共同体对大学英语教师的专业发展具有积极的推动作用。通过共同体这个平台，教师可以不断更新教学理念、提高教学质量，逐步实现个人职业成长。同时，教师可以与同行建立紧密的合作关系，共同参与学术研究、课题申报等，从而实现教育教学水平的全面提升。

总之，大学英语教师专业学习共同体为大学英语教师提供了一个极其重要的交流平台。在这个平台上，教师可以相互学习、分享经验，不断更新教学理念和方法，提高教育教学水平。同时，通过共同体的合作研究，教师可以不断提升自己的学术水平和专业素养，推动大学英语教学的发展。因此，应该强烈呼吁广大大学英语教师积极参与专业学习共同体，共同推动大学英语教学的发展。

2. 提高教学能力和科研水平

在提升大学英语教师的教学能力和科研水平方面，专业学习共同体的作用越来越受到关注。

学习共同体可以帮助大学英语教师提高教学能力和科研水平。在传统的大学英语教学中，教师往往只注重知识的传授和讲解，缺乏对教学方法的研究和创新意识。在学习共同体中，通过与其他教师的交流和讨论，可以借鉴他人的成功经验和方法，探索适合自己学生的教学方式和方法；同时也可以通过合作研究的方式开展课题攻关和论文撰写等工作，提升自身的科研能力。

（1）教学能力

教学能力是评价大学英语教师综合素质的重要指标。教学能力包括教学反思、教学设计、教学实施和教学评估等方面。大学英语教师专业学习共同体通过以下四个方面帮助教师提高教学能力。

①教学反思：专业学习共同体的成员可以相互观摩教学过程，对彼此的教学进行点评和建议，从而促进教师对自身教学的反思，发现问题，及时改进。

②教学设计：共同体成员可以共同探讨教学目标、教学内容和教学方法的优化，以提高教学效果。

③教学实施：通过共同体活动，教师可以分享课堂管理和学生互动的经验，学习如何有效地组织课堂，调动学生的积极性。

④教学评估：专业学习共同体的成员可以共同参与教学评估标准的制定和实施，从而更全面、更客观地评价学生的学习效果和教师的教学效果。

（2）科研水平

在提高科研水平方面，大学英语教师专业学习共同体也发挥了积极作用。科研水平包括科研意识、科研方法和科研成果等方面。通过以下三个方面，专业学习共同体可以帮助教师提高科研水平。

①科研意识：通过参与学术交流、研讨会等活动，学习共同体成员可以了解学科前沿动态，激发科研兴趣，提高科研意识。

②科研方法：专业学习共同体成员可以共享科研资源，交流研究方法，共同提高科研技能。

③科研成果：专业学习共同体的合作研究有利于产生更高质量的科研成果，推动教师科研水平的提升。

3. 促进教师间的团队协作

学习共同体还可以促进大学英语教师间的团队协作。在学习共同体中，成员之间是平等、互助的关系，大家为了共同的目标和利益而努力奋斗。在这个过程中，每个成员都可以发挥自己的优势和特长，同时也能够看到其他人的优点和长处，取长补短、相互协作。这种团队协作精神不仅有利于个人的成长和发展，也有助于整个团队的凝聚力和战斗力的增强。综上所述，构建基于学习共同体的大学英语教师专业发展模式具有重要意义。

大学英语教师承担着培养具有国际视野和跨文化交际能力人才的重任。为了提高英语教学质量，大学英语教学团队需要加强团结协作，而学习共同体在其中发挥着重要作用。

大学英语教师专业学习共同体是一种由教师、教育领导者、行政人员以及学者等成员构成的有机整体，他们通过共享学习目标、学习资源和信仰，共同参与专业发展的活动和进程。在大学英语教师的专业学习共同体中，成员可以共同探讨英语教学理论和实践，交流教学经验，从而提高教学质量。

构建大学英语教师专业学习共同体的关键在于建立学习型组织，共享知识与经验以及促进跨学科交流。首先，建立学习型组织。通过定期组织研讨会、工作坊和培训活动，鼓励教师积极参与讨论，分享自己的见解和经验。其次，共享知识与经验。鼓励教师将自己的教学经验和资源与他人分享，同时积极汲取他人的知识和经验，以丰富自己的教学储备。最后，促进跨学科交流。鼓励教师跨越学科界限，与不同领域的教师进行合作交流，以拓展教学思路和视野。

大学英语教师团结协作对于提高英语教学质量至关重要。通过集体备课、共同制订教学计划和评价标准，教师可以更好地应对教学中的挑战，提高教学效果。此外，还可以发挥集体智慧，共同解决教学中的难题，提高教师的工作满意度和团队凝聚力。

然而，当前大学英语教师专业学习共同体在构建过程中仍面临一些问题。例如，部分教师缺乏领导力和主动性，无法有效地推动共同体的发展；不同教师之间的交流障碍导致信息传递不畅；时间分配问题也制约了共同体的活动频率。

展望未来，大学英语教师专业学习共同体的发展前景广阔。随着教育改革的深入和国际化趋势的加强，越来越多的教师将认识到大学英语教师专业学习共同体的重要性，并积极参与其中。同时，信息技术的发展也为大学英语教师专业学习共同体的构建提供了更多的可能性，如虚拟现实和人工智能等技术的应用将为大学英语教师专业学习共同体的活动形式和内容带来更多的创新。

（二）消极影响

在实际运作中，大学英语教师专业学习共同体也带来了一些消极影响。

1. 限制教师个人发展

大学英语教师专业学习共同体在为教师提供学习机会的同时，也可能限制教师的个人发展。在共同体内，教师的学习和教学风格往往受到其他成员的影响，导致个体教师可能无法发挥自己的特长和优势。此外，当教师过于依赖专业学习共同体时，他们可能缺乏独立思考和解决问题的能力。

大学英语教师专业学习共同体是一种鼓励教师协作、分享和学习的机制。通过建立共同的目标和价值观，这种共同体有助于提高教师的专业素养和教学质量。在共同体内，教师可以共同制订教学计划、分享教学资源和方法，同时也可以相互评价和反馈，不断完善自己的教学能力。然而，这种协作的方式也可能导致一种"群体思维"，限制教师的个人发展。

例如，由于受到传统价值观的影响，许多教师可能更倾向于独立完成教学任务，而不是与其他教师协作。此外，如果共同体内的决策由少数人控制，那么其他教师的观点和想法可能得不到充分展示，这也会限制教师的个人发展。

综上所述，大学英语教师专业学习共同体在为教师提供学习机会的同时，也可能限制教师的个人发展。因此，在推动大学英语教师专业学习共同体发展的同时，也应该关注教师的个人发展。例如，可以鼓励教师多样化的教学方法和策略，为他们提供更加个性化的专业发展路径。此外，应建立健全的机制，保障每个教师在共同体中都能得到公平的对待和充分的发展机会。只有这样，才能使大学英语教师专业学习共同体真正促进教师专业成长。

2. 限制学生个性化学习

大学英语教师专业学习共同体在促进教师间合作的同时，也可能限制学生的个性化学习。在共同体的教学模式下，学生的学习需求和特点可能被忽视，导致他们在学习中无法充分发挥自己的潜力。此外，过度依赖共同体的教学方式可能会降低学生的学习兴趣和动力，影响他们的学习效果。

数字电子设备可能会对学生个性化学习产生一定的影响。大学英语教师专业学习共同体对学生个性化学习的限制作用主要表现在以下五个方面。

①教学风格的统一化：在共同体模式下，教师之间互相学习、模仿，可能会导致教学风格的统一化，缺乏个性化的教学特色。这可能会限制学生个性化学习的机会。

②教学内容的标准化：统一的教学理念、教学内容和教学方法可能导致学生学习内容的标准化。统一的教学目标和标准，难以满足不同学生的个性化需求。这可能导致一些学生无法按照自己的节奏和方式学习，从而影响学习效果。

③学习评估的局限性：在共同体模式下，学习评估往往依赖于集体评价和标准化测试。这可能无法充分反映学生的个性化学习成果和能力发展，导致评估的局限性。

④教师权威和认知限制：教师权威可能限制学生的个性化学习。教师可能倾向于选择自己熟悉的教学方法和内容，而忽视学生的不同需求和学习风格，导致学生无法充分发挥自身潜力。

⑤学习资源匮乏：在共同体模式下，学习资源往往针对普遍性问题设计和提供，难以满足学生的个性化需求。这可能导致部分学生无法找到适合自己的学习资源，从而限制他们的个性化学习。

二、影响大学英语教师专业学习共同体建设的因素

共同体建设的影响因素主要有三个方面：个人因素、组织因素和外部环境因素。这些因素相互交织、相互影响，共同作用于大学英语教师专业学习共同体的形成和发展。为了促进大学英语教师专业学习共同体的进一步发展，教育部门、学校和教师自身需要共同努力，创造有利于教师专业学习和发展的环境和条件。

（一）个人因素

大学英语教师专业学习共同体是一种促进教师专业发展和提升教学质量的重要途径。然而，在其实施过程中，受到多种因素的影响，其中个人因素是不可忽视的一环。

1.教师的动机

教师的动机是推动其参与专业学习共同体的内在动力。当教师意识到专业学

习共同体对自身专业发展和教学质量提高的重要性时，他们会更积极地参与其中。例如，教师可能会因为渴望提高自己的教学水平、丰富教学经验或者为了获得更好的职业发展而加入专业学习共同体。

（1）教师动机的类型

①个人成就感。大学英语教师普遍具有较高的个人成就感需求，他们希望通过优质的教学和学术成就来获得学生的认可和同事的尊重。这种动机可以促使教师积极主动地参与专业学习共同体，寻求教学和学术上的提升。

②职业发展。许多大学英语教师都渴望在专业领域内不断提升自己的知识和技能，以实现个人职业目标。这种动机可以激励教师参与专业学习共同体，与同行交流学习，不断提高自己的专业素养。

③社会服务。大学英语教师还具有服务社会的动机。他们希望通过自己的知识和技能为社会做出贡献，帮助学生解决实际问题。这种动机使教师愿意参与专业学习共同体，与其他教师合作，共同探讨如何更好地为学生服务。

（2）教师动机在专业学习共同体中的作用

①推动教师参与。教师动机是推动大学英语教师参与专业学习共同体的内在力量。当教师认识到参与共同体可以满足其个人成就感、职业发展和社会服务的需求时，他们将更加积极地参与到共同体活动中。

②促进交流合作。教师动机可以促进专业学习共同体内部的交流与合作。当教师积极地参与共同体时，他们更愿意与同行分享自己的观点、经验和资源，从而形成良好的合作关系，共同推动大学英语教师专业发展。

（3）激励教师动机以促进大学英语教师专业发展

①给予教师自主权。学校和相关部门应给予大学英语教师更多的自主权，让他们能够自主参与到专业学习共同体的活动中。这样可以提高教师的积极性和参与度，同时也有助于培养教师的专业自信和主人翁意识。

②建立有效的激励机制。建立有效的激励机制可以激发教师的动机。例如，对在专业学习共同体中表现优秀的教师给予适当的奖励和表彰，可以激励更多的教师积极参与共同体活动。

③提供专业发展机会。为大学英语教师提供更多的专业发展机会，如参加学术会议、进修课程和学术研究等，可以增强他们的专业素养和综合能力，从而使他们更好地参与到专业学习共同体的活动中。

④营造良好的合作氛围。学校和相关部门应努力营造良好的合作氛围，鼓励大学英语教师之间进行交流与合作。通过建立教师互动平台、组织教学研讨和学

术沙龙等活动，促进教师之间的互动和分享，从而激发教师的合作动机，共同推动大学英语教师专业发展。

总之，教师的动机是推动大学英语教师参与专业学习共同体的内在力量。通过理解教师动机的类型及其在专业学习共同体中的作用，以及采取有效的激励措施，可以激发教师的积极性和参与度，进一步促进大学英语教师的专业发展。

2. 教师的自我认知

教师的自我认知也是影响专业学习共同体的重要因素。教师对自身专业能力和教学水平的认知，将决定他们在专业学习共同体中的参与程度和收获。一些教师可能会因为自我认知不足而缺乏自信，担心在共同体中暴露自己的不足之处，因此不敢积极参与。相反，那些自我认知较高的教师则更愿意在共同体中分享自己的经验和观点，从而获得更多的成长机会。

在教育领域中，教师作为学习共同体的成员，对学生的成长和发展具有至关重要的影响。为了更好地促进专业学习共同体的形成和发展，教师需要深入了解自己的认知过程及其影响因素。

教师的自我认知是指教师对自身角色、价值观、目标、信念和能力的认识。这种认知受到多种因素的影响，包括教师教育背景、个人经历、职业培训、同事交流等。这些因素共同作用于教师的自我认知，并影响其对专业学习共同体的参与热情和贡献。

在专业学习共同体中，教师的自我认知具有重要的引导和激励作用。

首先，教师的自我认知影响其对学生学习和发展的看法。具有积极自我认知的教师更倾向于认为学生是充满潜力的，并注重培养学生的自主学习和思考能力。相反，自我认知较消极的教师可能过于关注学生的不足，倾向于进行传统的填鸭式教育。

其次，教师的自我认知对其在专业学习共同体中的角色定位具有重要影响。积极的自我认知有助于教师更好地融入共同体，主动分享知识和经验，积极参与集体决策，从而促进共同体的良性发展。相反，如果教师的自我认知较低，他可能难以融入共同体，对集体活动和交流持消极态度，从而阻碍共同体的进步。

3. 教师的情感因素

教师的情感因素主要包括性格、态度、情绪、兴趣和自省等方面。在大学英语教师专业学习中，这些情感因素的作用不容忽视。性格决定教师的教育教学风格，积极的性格特质可以促进教师与学生的有效沟通，增强学生的学习动力。态度则影响教师对教学工作的投入程度和教学质量，积极的态度可以感染学生，激发学生的学习热情。情绪是教师对教学和学生的情感反应，良好的情绪可以营造愉悦的课堂氛围，提高学生的参与度。兴趣决定了教师对教学内容和方法的喜爱程度，教师的兴趣可以激发学生的学科热情，提高教学效果。自省则是指教师对自身教学行为的反思与改进，通过自省，教师可以不断优化教学方法，提高教学质量。

教师的情感因素对于大学英语教师专业学习共同体的影响主要体现在以下三个方面。

首先，积极的情感因素可以促进教师之间的交流与合作。在专业学习共同体中，教师可以分享彼此的教学经验和方法，互相学习，共同进步。

其次，情感因素可以增强教师的归属感。当教师感受到自己属于一个优秀的团队时，会更加努力地提高自身的教学水平，为团队争取荣誉。

最后，情感因素还有助于提高教师的自我认知。通过反思和交流，教师可以更加清楚地了解自己的优势和不足，从而有针对性地改进自己的教学行为。

4. 教师的个性特征

教师的个性特征对专业学习共同体有着深远的影响。一些个性外向、善于交际的教师可能更愿意在专业学习共同体中与他人交流、分享，从而获得更多的支持和帮助；而一些个性内向、不善言辞的教师则可能更倾向于独立学习，较少参与专业学习共同体的活动。因此，专业学习共同体应该为不同个性的教师提供多样化的学习方式和机会，以便他们能够在这个平台上找到适合自己的学习路径。

教师的个性特征会影响专业学习共同体中的知识建构。一个开放、创新、善于思考的教师能够引导学生从多角度思考问题，培养学生的创新能力和批判性思维。相反，一个保守、墨守成规、缺乏创造力的教师可能会限制学生的思考空间，导致学生无法全面地理解和掌握知识。

5. 教师的观念保守

教育教学活动具有情境性的特点，这意味着教师需要面对许多随机性、不可预测性、偶然性的改变。为了应对这些挑战，大学英语教师需要具备主动学习、善于反思的能力，只有这样，他们才能更好地适应教育教学的变化和发展。然而，在现实中，大学英语教师往往花费大量时间备课、讲课、做题等，却很少考虑教学内容的重组、教学过程的优化、教学策略的改变等方面的内容。这可能是因为在传统观念中英语教师被认为是保守的。

（1）主动发展弱化

尽管绝大多数大学英语教师都具有强烈的责任心，但由于考试压力的影响，许多教师往往只关注学生的四、六级通过率，仅仅满足于充当一个教书匠的角色。过重的工作负担使得许多英语教师疲于应对，对自身的学习往往无暇顾及。即使有了学习的机会，他们也更倾向于接受简便易行、模式化的教学方法。这种状况的产生，虽然有一部分原因是客观的，如工作压力大、时间紧张等，但主要原因是他们缺乏自我提升的动力和意愿。

（2）个人利益得失

教师作为独立个体，其个人利益得失应当得到关注。

首先，从职业发展角度来看，大学英语教师需要不断更新知识、提高教学技能，以适应教育改革和发展的需要。然而，受限于自身条件和外部环境，教师可能面临培训机会不足、职业晋升受阻等困境，这对其个人职业发展会造成一定影响。

其次，从经济收入方面来看，虽然教师的收入总体上稳定，但往往与社会发展水平不相匹配。这可能导致教师在实际生活中面临诸多困难，从而影响其教学质量和职业幸福感。

最后，从自尊心角度来看，教师需要得到学生、同事和社会的认可与尊重。然而，面对教育改革的压力、学生和家长的高期望以及同行之间的激烈竞争，教师可能感到压力过大，对其自尊心造成一定冲击。

虽然各大学之间的竞争在不断加剧，但是一般的大学英语教师更倾向于固守自己的成绩和所得。大学英语教师专业学习共同体的建构与发展也因为会触及某些人的利益而受到抵制和反对，这就导致了大学英语教师专业学习共同体的运行不顺畅。

（3）应付任务的敷衍心理

一些大学英语教师对大学英语专业学习共同体的认识相对浅薄。他们认为，作为英语教师，他们的主要职责是教学，而唯一需要关注的是大学生的英语考试成绩。这些教师往往会选择花费一部分时间为学生提供额外的辅导，以帮助他们在短时间内取得英语成绩的进步。

然而，学习和科研的过程往往是长期的，难以立即产生显著的效果。因此，这些教师对学校所要求的学习和科研任务不太积极。这种态度使得这些英语教师很难提升自身的专业水平，同时也阻碍了英语教师专业学习共同体的发展。

（二）组织因素

1. 培训与支持

培训与支持系统对大学英语教师专业学习共同体的形成具有重要影响。有效的培训能够提高教师的专业知识和技能，为专业学习共同体的开展提供必要的基础。同时，为教师提供充足的资源和支持，如时间、空间和资金等，可以鼓励他们积极参与专业学习共同体的活动，充分发挥自己的作用。

在教师专业发展过程中，培训和支持系统的建设是必不可少的。对于大学英语教师来说，培训主要包括语言技能培训、教学技能培训和专业发展培训。这些培训的目的是帮助教师提高自身的能力和素质，更好地适应高等教育发展的需要。支持系统则包括学术交流、教学资源共享和合作研究等方面，有助于教师更好地应用所学知识，提高教学效果和学术研究能力。

为了进一步说明培训与支持系统在大学英语教师专业学习共同体形成过程中的作用和效果，看一个具体案例。某高校为了提升大学英语教师的教学水平和专业发展，组织了一系列的培训活动，包括教学技能培训、语言能力培训和专业发展培训。同时，学校还建立了教学资源共享平台和教师交流群，为教师提供了良好的合作与交流环境。经过一段时间的努力，教师的综合素质得到了显著提高，教学质量也得到了大幅提升。这个案例说明，培训与支持系统的有效运用可以促进大学英语教师专业学习共同体的形成，推动教师的专业成长。

总之，培训与支持系统对大学英语教师专业学习共同体的形成具有重要影响。通过参加培训活动和提高支持系统的利用效率，教师可以不断更新自己的知识和技能，提高教学水平和创新能力，促进大学英语课程的发展。同时，培训与支持系统也能够加强教师之间的交流与合作，推动团队建设。因此，各高校应重视大学英语教师的培训与支持工作，建立健全相关机制，为教师提供更多的学习和发展机会，以促进高等教育事业的繁荣发展。

2. 工作与学习的矛盾性

在目前的高等教育中，大学英语教师面临着很多挑战。首先，由于高校扩招和英语学科的普及，大学英语教师的工作量越来越大，教学任务越来越重。同时，教师还要承担科研、社会服务等多重任务，导致教师专业学习的时间和精力难以保证。其次，教师专业学习需要投入大量的资源，如培训费用、学习资料等，但目前很多高校对教师专业学习的投入不足，难以满足教师的需求。最后，大学英语教师专业学习共同体需要不断提高教学质量和效果，但目前很多大学英语教师的教学水平和方法仍有待提高。

出现这些问题的原因有很多，其中最重要的是缺乏合作文化。在很多高校中，英语教师之间缺乏合作互助的精神，每个人都只关注自己的利益，导致教师无法形成专业学习共同体。此外，信息技术应用不足也是原因之一。虽然信息技术已经得到了广泛的应用，但是在高校英语教学中，信息技术的应用还存在着很大的不足，无法为教师专业学习共同体提供有效的支持。

英语教师的工作负荷是相当重的。有研究表明，英语教师的工作量主要包含英语教学工作、课堂管理工作、教育教学延伸工作等。有人对英语教师的业余时间投放做了研究，发现英语教师每日投放到业余学习中的时间平均只有1.25小时，每周教研活动时间也少得可怜，这就是导致他们信息不灵通、知识面比较狭窄、科研水平层次较低的主要原因[①]。

当前，我国正处于大学英语教学改革的关键时期，英语教师需要逐渐改变传统的教学理念与教学行为，他们也想对英语新观念、新思想进行了解，尝试采用新的教学方法来展开英语教学，但是心有余而力不足，因为很难挤出时间来共同对某一主题进行思考和讨论。

3.时间与空间的限制

学校组织结构的阻碍主要体现在时间和空间两个维度上。在时间方面，以节次为单位的课程安排导致英语教师的工作时间变得零碎，缺乏长时间的交流和学习。这使得教师难以有足够的时间来深入探讨英语专业话题，而只能就一些简单的、琐碎的日常事务进行短暂的交流。在空间方面，由于大学英语教师对教室的利用是临时的，这导致他们在匆忙之间所能交谈的话题也局限于简单的日常事务，而无法就英语专业问题进行深入讨论。这种时间和空间的限制对英语教师之间的交流和学习产生了不利影响，阻碍了他们专业水平的提升和英语学习共同体的发展。

4.学习意愿不强

当今社会正处于不断发展和变化的过程中，大学英语教师如果故步自封，很难适应社会发展的需求。这种态度不仅会限制英语教师自身的专业发展，还会对学生产生不良影响。此外，这种态度也会对教师专业学习共同体的发展产生负面影响，导致专业学习共同体的组织学习能力下降。

---

① 付广成.教师的差异在于教师的业余时间 [J].教育艺术，2007（9）：58-59.

目前，大学英语教师面临的工作压力和生活压力较大，导致他们没有多余的时间和精力进行学习。

从教师专业学习共同体这一组织的角度来说，教师专业学习共同体的构成依靠的是教师自愿参与学习的愿望。在教师专业学习共同体的活动中，往往是由学校或者共同体内部的一些规范、规章等来鼓励教师展开学习活动。

简言之，英语教师专业发展的推动力量更多地来自外部的规章制度，然而，激发英语教师学习的关键在于教师自身对学习的需求和兴趣。英语教师自主意识的形成与确立才是促进英语教师专业发展的根本动力或内在动力。

大学英语教师专业发展程度的提升离不开教师自主发展意识的觉醒。只有基于个体内在自我发展需求的发展才是真正意义上的发展，才能取得更为高效的成果，才能从本质上推动人的进步。学校只有站在"以制度和文化的引导最终导向教师自主发展"的高度，才能推动教师学习共同体的建设，才能实现学校和教师整体素质的提升，进而实现学生的全面发展和学校的办学宗旨。

（三）外部环境因素

1. 学校政策与领导支持

学校政策与领导支持对大学英语教师专业学习共同体的形成具有决定性作用。学校应制定有利于专业学习共同体发展的政策，为教师提供必要的支持和资源。同时，领导的支持和参与可以营造积极的工作氛围，激发教师的积极性和创造性，推动专业学习共同体的发展。

2. 考评机制的功利性

现有的教育评价体系强调四、六级考试分数，考评的主要内容也是围绕"优秀率""合格率"来展开的。这种以甄别作为目的、与英语教师的奖惩挂钩的评价体系是不利于大学英语教师专业发展的，也使得英语教师不得不为了实现这一指标而奔波。

3. 各种制度的不足

大学英语教师专业学习共同体是一项复杂的系统工程，要求所有英语教师都积极地参与其中，制度是必要保障。

可见，有效的制度能够推动大学英语教师专业的发展。学校中的一些制度不利于教师的学习，阻碍了英语教师专业发展。这主要表现在以下三个方面。

（1）学习制度

学校的学习制度主要围绕学生的学习与发展而设计，对于英语教师的专业发展学习并不能起到有效的约束和督促作用。学校内部有关教师进修和培训的规章制度大多以学历提升和工作任务完成为目标。这些短期教育和培训在一定程度上能够丰富教师知识，但对英语教师专业发展的意义却不大。

（2）评价制度

现行的评价制度明显存在着不足，这主要体现在以下三个方面。

其一，评价的内容对大学英语教师的专业发展很少给予关注。

其二，现行的教师评价对于短期目标过于偏重。学校对英语教师的评价往往是以学期为单位，这就容易导致大学英语教师产生急功近利的想法。

其三，现行的英语教师评价是一种对教师个体的评价，而对于教师群体、科研组、学科组等并未给予相应的评价，这不利于英语教师团队的学习与合作，也不利于知识的交流与共享，当然很难推动大学英语教师专业学习共同体的发展。

（3）激励机制

目前，我国学校管理中的激励更多侧重于物质层面，这种激励制度会带来如下两点弊端。

①现行的激励机制并不能推动英语教师主动、积极地去学习和提升自己的专业水平和能力，即这种激励机制并没有形成对英语教师学习本身的激励。

②激励与教师群体基本无关。与考评机制一样，学校内的激励主要是针对英语教师个人设计的，很少考虑对英语教师群体、教研组、学科组等的激励。个人主义取向的激励机制必然会阻碍学校组织之间、英语教师之间的交流与共享。

4. 教师文化的消极性

教师文化是指教师在教育教学活动中逐渐形成并发展的价值观念、行为方式及信仰体系。作为校园文化的重要组成部分，教师文化对学生的发展、教师的专业成长以及学校办学水平的提高具有重要影响。然而，教师文化的消极性一面不容忽视。在大学英语教师专业学习共同体中，教师文化的消极影响尤为明显，严重制约了教师的专业发展和教学效果。因此，分析教师文化消极性的原因及其对大学英语教师专业学习共同体的影响，具有重要意义。

教师文化的消极性对大学英语教师专业学习共同体会产生多方面的影响。首先，它可能导致教师之间缺乏合作，过分竞争或孤立，从而阻碍共同体的形成和发展。其次，教师文化的消极性可能削弱教师的专业能力，限制教师的创新精神和开放心态，导致教学方法单一、知识更新缓慢。最后，消极的教师文化还可能影响学生的学习效果和全面发展。

教师文化消极性的产生受多种因素影响。一方面，制度因素，如教育体制不完善、评价机制不科学、教师培训和晋升制度不合理等。这些制度问题可能使教师面临压力和困扰，导致教师对职业的认同感降低，从而影响教师文化的积极发展。另一方面，个人因素也是教师文化消极性的原因之一。例如，部分教师可能持有保守的教育理念，拒绝接受新的教学方法和观念，从而阻碍教师之间的交流与合作；有些教师可能过于关注个人成绩，忽视团队合作，导致共同体难以形成和发展。

5. 社会期望与压力

社会期望与压力也是影响大学英语教师专业学习共同体的重要外部因素。随着社会对高等教育质量的关注度不断提高，大学英语教学面临着更多的挑战和压力。这种背景下，教师需要不断学习和提高自己的专业水平。这种压力促使教师积极参与专业学习共同体的活动，提升自己的专业素养和教学质量。

第七章　大学英语教师专业学习共同体建构路径

在当今的教育环境中，英语已成为国际交流和合作的重要工具，而大学英语教师的角色和责任也变得愈发重要。大学英语教师专业学习共同体的建构不仅能够提供一个互相学习和分享经验的平台，还能够促进教师之间的互动和合作，提高他们的教学水平。本章围绕大学英语教师专业学习共同体建构的步骤、大学英语教师专业学习共同体建构的策略、大学英语教师专业学习共同体建构的机制等内容展开研究。

第一节　大学英语教师专业学习共同体建构的步骤

大学英语教师专业学习共同体的建构不能急于求成，也不可能一蹴而就，而应采取一定的步骤，有计划地进行。

一、建立信任关系

大学英语教师专业学习共同体的建构离不开高质量的人际关系，而信任是高质量人际关系的一个决定性因素。彼此之间以信任为前提，教师在参与学校改革发展和教育教学工作的过程中就能投入充分的热情，并在教师之间建立起相互信任、相互依赖的良好关系。

在一个相对独立的大学英语教师专业学习共同体内部，教师十分清楚地知道，凡是对学习共同体有益的事情，对教师个体的成长也是有益的；凡是对教师个体有益的事情，对学习共同体也是有益的。在这样的前提下，当有一个或者若干个共同目标时，相互之间的伙伴信任关系就得以建立。为了完成特定的任务，学习共同体的成员常常会被分配一些相互关联或者互补的角色，教师在学习共同体内应承担的责任也源于此。

此外，大学英语教师专业学习共同体的成员可共同协商来选定一个小组的旗帜、名称等。具体来说，既可以通过交流来认识他人，也可以通过集体学习来了解他人，还可以通过合作与他人建立起相互信任关系。为了使高校英语教师专业学习共同体达到既定目标，还应从社区、学校两个层面来争取行政支持。对大学英语教师专业学习共同体工作的认可本身就是一种支持。

二、形成共同愿景

教师在大学英语教师专业学习共同体中的学习是教师对各种方式、途径进行灵活运用，逐渐获取新知识的过程，因而是一个持续的过程。教师在学习共同体内不断进行知识的相互传递，既有利于增强教师自身的实力，又有利于新知识的创造，从而带来全体成员工作效率的提升。在这样的情况下，共同愿景的提出就具有十分重要的意义。

所谓共同愿景，就是指教师对未来的共同期待与设想。为了实现共同愿景，教师应承担起自己的一分责任与义务，因此应在愿景的制定阶段就积极参与。需要特别说明的是，大学英语教师专业学习共同体的愿景应能得到大多数人的认同，应与实际情况相符合，且明确清晰，具有长远性。

传统组织通常采取阶层式管理方式，教师的愿景一般由高层产生。这样一来，指引大家的愿景是在教师没有参与的情况下制定出来的，因此难以被教师所认可、接受和分享，每个教师在完成自己的任务时基本上是听命行事。从一个方面来看，愿景具有鲜明的强制性特征，要想在大学英语教师专业学习共同体内部生根发芽往往具有较大的困难。从另一个方面来看，愿景的价值与意义也很难被学习共同体中的成员所感觉、理解、领悟，因而难以激发教师的热情。实际上，真正意义上的共同愿景应是自下而上的，应充分发挥教师的积极作用，建立教师共同愿景的策略是应该分阶段地循序渐进，即体现出一个阶梯式的进步，具体包括以下三个阶段。

（一）大学英语教师专业学习共同体成员的讨论

对于共同愿景，大学英语教师专业学习共同体中的每个成员都有自己的认识。

大学英语教师专业学习共同体的领导层应坚持不懈地推进共同愿景的工作，并将其列为常规工作内容的一部分，在进行讨论时，应引导学习共同体中的所有成员进行积极的思考、交流与总结，从而使共同制定的愿景与学习共同体的实际情况相符合、相适应。

（二）初步形成共同愿景

当组织成员了解了愿景的内容之后，共同愿景制定组委会要收集学习共同体成员对愿景的真实想法，从而更好地了解成员对愿景中各个部分的看法。共同愿景制定组委会应将共同愿景的真实的信息提供给学习共同体的成员。在进行调查时，可根据具体情况灵活采取多种手段，如面谈、问卷等，从而更加准确地收集学习共同体成员的期待与想法。

此外，应对抽样的弊端给予充分重视。一些共同愿景制定组委会为了节约时间，只对部分成员进行了访谈，抽样也不够全面，这是一种狭隘的做法，既影响了共同愿景的代表性，也不利于共同愿景的推广，使共同愿景大打折扣，最终难以获得学习共同体所有成员的支持。

（三）确立教师的个人愿景

在学习共同体形成共同愿景之后，教师作为学习共同体中的一员，应积极思考这一共同愿景，如学习共同体的正常状态是什么样的，教师之间应建立什么样的关系，学生应从教师这里获得什么样的知识与技能，什么样的教学才是高效率的等。通过反思上述问题，教师可以在深刻理解共同愿景的基础上深入分析自己的实际情况，形成具有个人特色的个人愿景，并愿意为了这一愿景的实现而努力。

三、培养团队精神

仅仅把大学英语教师专业学习共同体建立起来是远远不够的，还应采取积极措施使其得以存在下去。

由于在工作职能、任务目标等方面的差异，大学英语教师专业学习共同体的成员形成了不同的团队，如科研课题组、年级组、教研组等，因此在大学英语教师专业学习共同体内部加强团队合作十分重要。大学英语教师专业学习共同体所有成员要相互协调与配合，实现统一行动，加强思想认识，规避或者减少团队的精力内耗，从而更好地将个人发展目标与共同体的整体目标结合起来，共同完成既定任务，为实现英语教师专业学习共同体的整体目标而团结奋斗。

第二节　大学英语教师专业学习共同体建构的策略

一、学校领导方面

（一）建立教师文化

在教学生活中所建立起来的平等、开放、合作的相互依存与信任关系就是教师文化。教师文化的建立有利于营造沟通与合作的良好氛围，增进教师之间的理解与沟通，缓解教师所承担的心理压力，从而对教师的专业学习起到积极的促进作用。

（二）积极从管理者转变为服务提供者

根据学校的传统组织模式，教师行为常常受到学校领导的命令控制。然而，这种方式对于共同愿景的达成、教师的专业发展以及教学活动的开展都有阻碍作用。因此，学校领导应对旧的关系模式有全面的认识，应转变观念，对自己肩负的基本任务重新定位，即创造积极的氛围，为教师畅所欲言创造条件，使他们积极参与教学活动，从而促进教师的个人发展。

此外，学校领导还应营造和谐、融洽的人际氛围，从而将教师个人的力量汇聚在一起，形成一股更大、更强、更有活力的力量。学校领导应与教师进行真诚、平等的沟通，对教师之间的交流与合作予以鼓励。

（三）协助英语教师确立专业学习共同体的共同愿景

学校领导应在学习共同体建立之初就协助英语教师确立一个共同愿景。共同愿景承载着全校的共同希望，教师可以据此判断什么是受到鼓励的，什么是受到排斥的，从而对教学方向有更加深入的认识。因此，共同愿景建立在全体教师的个人愿景之上，与教师的共同价值观相互交织在一起，并渗透到每一位教师的心中。

具有共同愿景是大学英语教师专业学习共同体最重要的特点之一。当教师具有共同愿景时，教师的教学活动是与社会实践紧密相连的。换言之，缺乏共同愿景，专业学习共同体就难以建立，教师的专业发展更是无从谈起。

（四）为教师间的交流讨论安排固定的时间

大学英语教师专业学习共同体要想得以存在，时间和空间是不可替代的条件。

一般来说，在校任教的教师或多或少都会面临一定的教学压力，所以，学校领导应为教师之间的讨论与交流安排一个相对固定的时间。

此外，学校领导还应对学校资源进行协调，为教师之间的沟通提供会场、设备等空间资源，以促进教师之间的交流与互动，保证英语教师专业学习共同体的顺利发展。

总之，学校领导在构建大学英语教师专业学习共同体的过程中，既要适度授权给教师，帮助教师建立一个共同的愿景，又要充分发挥"服务"作用，建立科学、合理的教师评价机制，使专业学习共同体得到良性发展。

二、英语教师层面

以教师为主体的大学英语教师专业学习共同体，除了需要学校领导创造的各种条件，还需要教师具备各方面的能力，具体包括以下三个方面。

（一）加强与专家的沟通

在大学英语教师专业学习共同体中，每个参与者都应为团队的建设贡献自己的一分力量，可见这是一种多边的合作。在教师的专业发展过程中，专家的专业指导是一项不可或缺的重要内容，具有显著的指引意义，因此教师应加强与专家的沟通。教师与专家是不同领域的行家，他们之间的平等交流对双方的发展都大有裨益。

（二）有完整的共同目标

促进教师专业的发展是大学英语教师专业学习共同体所有成员教师的共同目标。

（三）提高自己的沟通协作能力

大学英语教师专业学习共同体的构建是为了解决教师专业发展以及具体教育教学中的问题，从而提升我国英语教学力量，为社会输送更多优秀的英语人才。教师的沟通协作能力在这一过程中发挥着重要的作用，需要教师有意识地提升这种能力。

第三节 大学英语教师专业学习共同体建构的机制

概括来说，大学英语教师专业学习共同体的建构应采取关键机制、保障机制、协同控制机制与运行激励机制。这些机制有利于学习共同体功能的充分发挥。

一、关键机制

（一）大学英语教师专业学习共同体的动力源

当某一群体的成员共同梦想着共同体的愿景时，学习共同体就开始生成了。在一个真正的学习共同体内部，所有的成员个体都是学习的主体，都处于学习的状态。在这个共同体内，每一个成员都有足够的动机去创建学习共同体，并乐于贡献自己的一分力量。

因此，每位成员都应被赋予权利，这是有效构建大学英语教师专业学习共同体的动力源泉。正所谓压力伴随着动力，权利意味着责任，只有对每一位成员进行授权，个体才会产生相当的责任感，自觉承担其对自己、他人以及集体的责任。在对共同体成员进行授权时，需要注意把握以下四个方面的问题。

1. 明确大学英语教师专业学习共同体的学习目标与任务

目标与任务只有得到学习共同体所有成员的认可，才能成为学习共同体发展的指向灯，成为团结共同体成员的凝聚力，使每一位成员在今后的学习活动中能够惺惺相惜，从而为了共同的目标与任务建立起一种相互依赖的关系。简单来说，有了目标和任务，成员在想问题、做事情的时候就能用"我们"来代替"我"。

2. 在共同体内部进行角色选择

为完成共同的任务，每位成员都要承担一定的职责和义务。因为每位成员都是学习共同体内部的主体，通过各自体悟与对智慧的分享来生成新的理解以及成员间的共同智慧。只有每位成员都参与到共同体的活动中，才能顺利地化集体的成果为个人的成果，才能丰富自己的专长。

3. 强调共同体中的个人责任和共享原则

作为学习的主体，学习共同体中的每位成员所享的权利与应负的责任是对等的。每个学习共同体成员都是共同体的一个重要部分。他们的专长是共同体不可或缺的，但不能代表整个学习共同体。每位成员都是在为学习共同体的知识共享做贡献的过程中获得自身发展的。这就要求学习共同体成员之间应进行明确的分工，使他们在民主交流过程中分享知识，进而探求问题的解决之法。

4. 成员之间要懂得相互尊重

成员之间互相尊重是学习共同体成长的必要条件。每位成员都有自己的个性特点，有不同于他人的独特优势，共同体所有成员对于这种客观差异要给予充分的尊重。不仅如此，学习共同体的每位成员要尊重任一人为工作所做的贡献，既要尊重自己的贡献，也要尊重其他成员的贡献。具体来说，成员个体作为不同知识的携带者，都能够为学习共同体的成果贡献一分力量。学习共同体中的每位成员不仅是共事的同事，更是学习的伙伴。他们之间不仅能进行情感上的交流与知识的共享，还能在不断的交往合作过程中建立起一种深厚的友谊，可以说既是知己也是良师益友。

因此，学习共同体内部的每位成员都应被当作知识的专家来尊重，其智慧和贡献应当得到足够的重视。只有这样，才能凝聚起真正的学习共同体意识，才能生成自主发展的学习共同体。需要指出的是，交流不是几个人或一群人坐在一个房间里随意说说话、聊聊天，而应是发自内心的坦诚的交流。总之，充满归属感的学习环境应建立在成员相互尊重的基础之上。

（二）大学英语教师专业学习共同体的自生成

从本质上来看，大学英语教师专业学习共同体是一个对话共同体，它强调交互、包容、开放与平等。同时，它倡导自我调节、自我组织，重视自我意识，因而又是一个有生命的学习系统。持续的协商、对话与讨论是学习共同体的主要活动方式。起初，学习共同体的组建就是在某个问题或某个共同兴趣的基础上推进的。换句话说，群体成员共同决定群体活动的目标，然后与他人合作，共同实现目标。

需要注意的是，合作并不意味着排除个体的彰显和竞争。相反，要想进行有效的合作就离不开个体的彰显。这是因为，只有个体愿意发挥自己的才能与专长，愿意与他人分享自己的经验与体悟，才能够推进共同体发展。学习共同体应是充分开放的学习系统。不同情境下的系统内部以及系统内外的对话交流是其获得发展的前提。学习共同体的情境导向使得它可以随着内外环境的变化及时准确地做出应对。

与其他生命系统一样，大学英语教师专业学习共同体的成长和发育也是一个走向自组织、自生成的过程。当意识到传统的学校组织和课堂教学自身的问题和局限并尝试突破时，学习共同体就得以出现。需要注意的是，学习共同体中的很多成员都受到传统教育模式的影响，他们在文化素养与思维方式方面还有待更新，尚不能要求他们很快就达到自觉建构大学英语教师专业学习共同体的高度。

所以，来自系统外部的推力是十分重要的，它对于创设一个全新的学习环境具有不可替代的作用。应从学校内部渐进式地改变，尝试依靠共同体内外环境以及现在和未来之间的张力，来促使教师学习共同体走向正轨，走向自组织。

具体来说，形成一个能够共同接受的知识基础是学习共同体的首要任务。讨论与协商是十分有效的方法，通过共享目标的引导作用，成员之间可以进行有效的学习与交流，并为了实现互利互助而贡献自己的一分力量。将所有参与者的贡献进行交融，就形成了共同体的集体实践，即活动、故事、语言、风格、信息、工具、观点、集体框架等。

那么，学习共同体内部成员之间应该如何协商呢？相关研究表明，建立在平等基础上的富有建设性的对话能够促进有效的协商交流。对话既不是辩论，也不是比赛，而是在对方的帮助下获得更深入的理解，了解新知识并改变自己的观点。因此，能否在保持自身开放头脑的同时与他人一起思考就成为一次对话是否成功的判断标准。只有每位成员都在尊重的前提下积极地进行探索、交往、批判、参与，一个有生命力的教师文化生态学习共同体才能够建立。

二、保障机制

形成保障机制是系统运行的前提。大学英语教师专业学习共同体的生成不是一个自发的过程，系统的形成需要适当的动力、目标、载体。

（一）内驱力

"一种忠诚的关系和稳定的结构"是对共同体的内涵最有说服力的描述。可见，愿景就是共同体的灵魂，因为共同的价值观与愿景可以形成一种忠诚关系。使命感、价值观与目标是愿景的三大要素，使共同体中的所有成员都在内心形成一种发展意象或共同追求的目标。共同体的愿景不仅为共同体的生存与发展提供了重要的精神支柱，还有利于保障共同体各项活动的连续性。

总之，它贯穿于共同体的各个方面，能够给成员带来认同感与归属感。有学者对共同愿景曾进行过这样的描述：真正的共同体必须对团队有承诺，并且这些承诺能渗透到每个成员的思想和价值观之中，让人们相信并且为之努力地去奋斗。

在有些情况下，自上而下的层级体系是共同体的组织基础，很多"共同愿景"来源于一种行政要求。它较少考虑教师的个体需要而更多的是一种"组织愿景"，共同体成员完成"愿景"更多的是在完成行政任务而并非相互协作与互动。

因此，这种传统的共同体就成为一种松散的行政组织，成员的主动性也往往较差。与此不同的是生态化的共同体。它要求打破静止状态，突破闭环模式，倡导合作文化，从而走向动态生长与和谐发展。生态化的共同体为教师的自我提升创造了理想的"家园"，能够让教师在其中获得帮助，解决教学中的困惑和压力。作为一个"家园"，共同体的愿景是提高学生学业和促进自身的专业发展。它植根于教师个体价值观和信念当中，充分体现出教师个体的发展需要，因此可在各成员之间建立起有效的联系，使每个成员都能在团队中认识自己，找到自己。

共同体的愿景作为教师学习活动的追求，不断激励个人和团队的持续学习。共同愿景为学习共同体带来了源源不断的向心力与凝聚力，使教师紧紧地聚集在一起，为了共同的利益、目标和理想而共同努力。

在确立共同愿景之后，共同体的价值观就成为重要的思想准则，它对于实现愿景的行动与决策具有重要意义。

很多新颖的学习模式，如"专家引领""研讨交流""同课异构"等使成员在立足课堂教学实际的基础上与同行进行对比，发现不足，从而形成对教学的新认识，不断完善自我教学行为，促进学生学业水平的提高。

（二）目标导向

在共同体中，所有成员的活动都围绕着特定的学习目标和任务展开。这些目标即将共同体的愿景转化为具体的行动步骤或阶段性成果。

生态化共同体的目标具有动态生成性的特点。那么，什么是生成？所谓生成，是指生长或创生，是一个与预设相对应的概念。在学习系统内，教师的学习活动"应当焕发生命的活力"，它不仅是一种重要的生命体验，还是一种特殊的认识过程。注重活动目标的生成，契合了学习共同体内学习主体的差异性以及资源和活动的丰富性与复杂性的特点。然而，一个不容忽视的现象是，虽然预设与生成从表面上看是矛盾的，但二者之间存在一种对立统一、相辅相成的关系。

过去很长一段时间以来，过于注重预设是传统学习共同体中普遍存在的弊端，应得到改变，但不能用一个极端去代替另一个极端，即不能矫枉过正。毕竟，精心的预设可以为动态生成保驾护航——保证生成的合情、合理和有效。总而言之，预设与生成兼顾兼容、互动共生、不能偏废，只有使预设与生成相得益彰，才能保障共同体目标的实现。预设性与生成性是生态化共同体目标的双重特点，只有实现活动前预设和活动中生成的结合，才能保证学习活动的优质、高效和共同体的健康发展，进而满足教师个体和共同体的需要。

学习共同体的活动过程是学习者之间相互交流、互动和共同成长的过程，而不仅仅是信息的传递和接收过程。因此，这个过程本身就是预设和生成的有机融合。在自主探究的学习过程中，常常会出现新的问题、思路、观点和想法。活动组织者应当扮演引导者的角色，通过评估和辨别，捕捉这些新动态，并选择适当的问题作为动态生成的基础，以因势利导的方式自然地推动学习进展。

（三）活动载体

在大学英语教师专业学习共同体中，教师通过各种类型的活动来进行学习，这些活动成为学习的载体。在这个过程中，教师个体与共同体以及其他教师进行着资源的互换，包括物质、能量和信息资源。在共同体中，每个教师都可以根据自己的兴趣和需求选择不同的专题或学习内容。这表明共同体并不要求所有成员在同一时间学习相同的东西，而应该允许每个成员根据自己的学习兴趣或需求进行活动。

例如，共同体可建立起不同类型的学习团队或学习小组，各团队或小组有自己的主题与目标，而不同团队或小组的成员则应尽可能地开展定期学习、交流与成果展示。

此外，教师也可同时参加不同的学习团队或小组，这就使教师在不同团队与小组间发挥了纽带与桥梁作用，增进了不同小组之间的沟通。共同体内的团队或小组往往因学习任务的需求而形成、发展或解散，因此没有固定的形成与结束时间，具有松散、开放的特点。为促使教师个体的积极参与，使他们共同成长、共享经验、全面自省，可对各种类型的平台或小组进行灵活设置，从而满足学习共同体内不同教师的需求。

例如，"周末流动师资培训学院"以学科博客群、专家引领、同课异构、集体备课为主要活动方式。具体来说，学科博客群的环境促进了学习资源最大限度的共享。学习主体可以平等地就某一问题畅所欲言，提出看法和见解，无形中促进了不同参与者的收获和成长；专家引领让教师的学习得到有效的专业理论支持和方向引领；同课异构能通过观课和评课活动促进教师的反思，进而形成有个性的教学风格；集体备课的方式可以使教师形成一个步调一致和思想统一的团队。这些都发挥出积极的作用，使教师的学习得到了较好的发展。

三、协同控制机制

对于大学英语教师专业学习共同体来说，协同控制机制旨在维持共同体的平衡、协调和可持续发展。具体来说，协同控制机制促使系统内部各构成要素的组合从无序化向有序化转变，对学习主体、学习过程以及学习活动等进行控制与协调，即对系统内部各构成要素之间的差异进行协调。

（一）学习主体

作为生态系统有机体的学习主体的构成应多元异质。成员在认知风格、思维方式、知识结构以及智慧水平等方面都有自身的特点，因此他们可形成一种互补关系。根据生态学的基本观点，生态系统的平衡性与稳定性与其成员构成的丰富性是呈正相关关系的。所以，既要保证学习主体的相对稳定，又要使新成员的加入有序进行，从而在更替与连续之间保持张力，使系统活力充沛、持续新鲜。

需要特别说明的是，避免小集团文化的形成、打破组织的封闭边界具有十分重要的意义。对于教师的学习来说，学习主体的多元化确实有着十分明显的促进作用。

强调学习主体的多元异质，并非完全排斥主体的同质性。换句话说，同质教师间的差异也属于最佳"最近发展区"的范畴，这十分利于同伴互助的实现，如一所学校同一年级或学科的老师形成的年级组或学科组。然而，共同体内主体的同质化程度过高时，有效互补关系在成员之间就难以形成，学习活动往往面临着活动单一、资源匮乏的局面。长此以往，成员的参与意识势必受到影响。

同样，如果学习主体在经验、知识与实践背景等方面存在差异，如农村教师与城市教师之间的差异或者中小学教师与大学教师之间的差异，那么这种差异正好为主体之间的相互借鉴与学习创造了条件。然而，若共同体内学习主体的成分过于异质，则会使成员之间在经验、知识、情感的沟通方面遭遇障碍。

换言之，"共同语言"的缺乏使有效互动难以形成，最终给学习效果带来不利影响。所以，为使学习主体之间保持多元而和谐的关系，教师学习共同体的学习生态系统应既有异质间的错落参差，又有同质间的交汇融合，从而保持一种平衡的张力，使系统时刻处于一种同质与异质相互作用的平衡张力之中。

（二）学习过程

在生态化共同体内，学习主体的学习过程常常遵循"参与—协商—认同"的发展脉络。不同学习主体在共同参与学习活动的过程中实现了彼此相互介入，从而使共同协商成为学习的基础。具体来说，协商既促成了学习主体身份的认同和发展，又使得学习主体的知识建构成为可能。

学习过程既包含了同质性的群体的共同活动，也包含了异质性主体的交往，因此共同体内的学习主体是同质与异质的结合。对于前者来说，追求同质性的认同成为学习过程的主要内容，这种认同是共同体对个体的接纳，具体表现为和谐、团结与同意。对于后者来说，则主要表现为个体与共同体之间的矛盾、竞争与争执。正是在这种认同与协商的张力中，教师的知识得以获得，主体身份得以形成。换句话说，在共同体的学习过程中存在着诸多矛盾，如冲突与团结、争执与同意、竞争与合作等。正是在这些平衡与张力的基础上，教师的知识得以获得，主体身份得以形成。

所以，作为教师成长的生态环境，大学英语教师专业学习共同体在与教师进行交互的过程中，既为教师提供协商的资源和空间，又为其提供认同的资源和空间，满足了教师个体在身份建构与知识获得方面的需要。而共同体则是源于教师知识的发展、创新、共享、传递、生成的需要。个体与共同体相互依赖和制约的结果便是认同与协商的张力，是教师个体和群体、个性和共性的平衡，它使得个体的知识、身份的获得与共同体的发展形成了休戚相关、共荣共生的关系。

（三）学习活动

如何保证学习共同体学习活动的持续性进行？在学习系统的现实运作过程中，如果学习活动的内容没有更新与调整，或者其采用的模式难以满足教师的需求，则教师很可能由于精力与时间上的原因而疲于应付。随着他们的积极性逐渐减退，教师间的学习活动往往流于形式，不利于共同体的正常发展。

所以，要想保证共同体正常发展，必须解决诸多现实问题。例如，如何使学习活动由被组织发展到自组织形式，如何保证教师的平等互动，如何优化教师之间的协作模式，如何通过不同层面教师学习共同体的建立而真正调动所有教师的合作积极性，如何消除隐藏在合作过程当中的个人主义、经验主义等矛盾因素，如何克服某些教师消极、封闭的观念等。

一般来说，教师在最初时大都以新手的身份参与共同体的活动，他们通过对专家教师及同伴的观察、模仿来进行学习。这类教师的参与只是一种"边缘性的参与"，他们在参加时并非不积极。因此，应为他们提供与其他教师同等的机会与资源，使他们完成身份的重构与自身知识的建构。应在正式学习与非正式学习之间形成一种互补的活动样态，为学习主体提供一个开放、立体、多维的学习生态环境，使他们能在共同体中丰富学习模式、拓宽学习空间，使他们超越时间与空间、经验与知识、群体与个体的局限。

值得注意的是，人类学习的复杂性与知识的丰富性是一种客观存在，所以，应建立生态化的大学英语教师专业学习共同体。其应从多个层面为教师的成长提供良好的生态环境，如实践、团队、组织等，概括来说，可采取以下三种具体的形式。

第一，微观学习系统。就目前的情况来看，很多学校都采取了备课组、教研组、年级组等教师集体学习方式，应将其作为共同体的主要形式之一固定下来，鼓励教师在日常的工作中通过听课、评课等方式来进行合作与交流，从而弥补其他活动气氛不够严肃、频率过少的不足，形成校内共同体这一微观学习系统。

第二，中观学习系统。建立校际共同体这一中观学习系统，具体做法既包括借助外来专家的力量来寻求理论指导，也可以积极组织教师外出参加培训或考察。

第三，宏观学习系统。除微观学习系统与中观学习系统之外，基于网络的宏观学习系统具有便捷、开放的优势与特点，可将虚拟网络平台的互动、开放功能充分发挥出来。

如上所述，不同形态的共同体各有其优势与不足，因此，为将各模式的优势发挥出来，应在对实际情况进行分析的基础上加以灵活融合。例如，校际的共同体有利于集思广益，但由于一线教师与专家学者在时间、地点、思维方式等方面存在诸多差异，所以如果没有协作外的情感沟通与协作内的积极反馈，教师与专家之间的协作极易走过场，效果也就难以得到保证。再如，校内的共同体由于成员间水平相差无几，且常在一个较固定的狭小空间中开展活动，易引起"花盆效应"，导致信息闭塞、眼界狭窄。然而，其优势在于时间、空间上的便利性以及成员间的良好情感基础。

可见，校内、校际的优质资源应进行科学整合，打破时空限制，将网络与现场、日常与周末、分散与集中有机统一起来，促进教师学习交流的常态化，保持教师学习活动的正式与非正式之间的张力。

四、运行激励机制

运行激励机制是指学校在建设大学英语教师专业学习共同体过程中为引导教师的学习行为和方式，按设定的标准和程序将资源分配给教师或教师团队，以实现其认同的愿景。换句话说，运行激励机制既是激发教师学习动力的过程，也是学校引导教师的行为方式和价值观念的过程。

（一）激励机制的构成

从一方面来看，激励是一种自我调节、自我发展的主观心理状态和内在机制；从另一个方面来看，激励是一种以社会需要为基础来调动和激发人的积极性、主动性和创造性的行为导向。

根据激励理论，学校领导对教师进行有效激励时，应对教师的各种需求、需求的程度及其行为动机的特征进行详细分析，进而通过对各种管理资源的配置来满足教师需求，对其行为进行矫正、规范与引导，以保障教师学习共同体的预期目标的达成。要想为教师学习共同体源源不断地提供动力支持，就应积极促成激励机制的形成，并使其发挥持久的作用。

一般来说，激励机制有以下两个要素。

第一，激励标准，即对教师进行激励的方向和强度所做的规定。

第二，激励手段，即采用何种具体的激励方式。选取激励手段时，应根据预期目的的不同而有所侧重。例如，为满足教师的物质需求，可以实物形式给予教师相应奖励；为满足教师的精神需求，可采取伦理型激励方式，认可、赞赏教师的价值观念与行为方式。

（二）激励的形式和注意点

1. 奖励激励

采取奖励激励时应注意方式的多样化，要不断创新，要将物质激励与精神激励有机结合在一起。重复多次刺激，作用就会减退。新颖刺激和变化刺激的作用是比较大的。

2. 目标激励

为了达到激励和鼓舞的效果，应制定实际可行且具有鼓舞力的奋斗目标。所谓目标激励，指的是将长期、中期和短期目标与大、中、小的目标有机地结合在一起，以便让教师在工作中始终将自己的行动与这些目标联系起来。

3. 关怀激励

关怀激励以了解为基本前提。学校领导应从表现、个性、特长、经历、家庭、出身、籍贯、姓名等方面做到"八个了解"，应从社会交往、兴趣爱好、能力水平、家庭成员、经济状况、学习情况、身体状况、工作情况等方面做到"八个有数"，从而深化对教职工情况的了解程度。

4. 支持激励

所谓支持激励，就是指学校的领导者应对教师的创造性建议表示支持，从而对教师的聪明才智进行更好的挖掘。具体来说，学校领导者可从以下三个方面入手。

第一，信任教师，对教师面临的困难应积极排解，从而有效提升教师的信任感与安全感。

第二，对教师的尊严、人格与首创精神给予充分尊重。

第三，面对教师出现的工作差错，领导者要勇于承担起自己的一分责任，并创造一定的条件，使教师能胜任工作。

5. 集体荣誉激励

领导者可以通过给予集体荣誉来培养集体意识，激发教师的自豪感和荣誉感，以形成一种自觉维护集体荣誉的力量。

6. 榜样激励

领导者选取具有典型性的事例与人物，使教职工清楚提倡或反对什么样的思想、行为；善于及时发现典型、总结典型、运用典型，通过营造典型示范效应来鼓励教职工学先进、帮后进。

7. 领导行为激励

领导者应严于律己、以身作则，通过自己的示范给教职工带来信心和力量，从而更好地激励教职工朝着既定的目标前进。

8. 数据激励

数据具有很强的客观性与说服力，应在允许的条件下对各种指标进行定量考核。此外，还应将考核结果定期公布出来，使教职工能对整体数据以及个人在团队中的位置有一个清晰的认识，从而明确差距，迎头赶上，更好地激励教职工的进取心。

此外，坚持"三不三多"的原则也是十分必要的，即不抱怨、不批评、不指责，多赞美、多表扬、多激励，这有利于在奖励优秀者的同时，有效保护落后者的自尊心与自信心，发掘他们的潜力。

参考文献

[1] 史密斯.全球化与后现代教育学 [M].郭洋生，译.北京：教育科学出版社，2000.

[2] 朱宁波.中小学教师专业发展的理论与实践 [M].长春：吉林人民出版社，2002.

[3] 佐藤学.学校的挑战：创建学习共同体 [M].钟启泉，译.上海：华东师范大学出版社，2010.

[4] 武书敬，房立敏.信息时代我国英语教师发展研究 [M].天津：天津教育出版社，2011.

[5] 韩立刚.大学英语教师发展学习者自主性的教学知识研究 [M].北京：现代教育出版社，2013.

[6] 卢彩虹，陈明瑶.高校优秀英语教师学术发展叙事探究 [M].杭州：浙江工商大学出版社，2013.

[7] 孔繁霞.行动研究与教师专业发展：大学英语教师 ESP 方向 [M].南京：东南大学出版社，2013.

[8] 郝彩虹.大学生英语教师的专业身份认同危机及应对研究 [M].重庆：重庆大学出版社，2014.

[9] 谢职安，等.高校英语教师专业发展研究 [M].北京：知识产权出版社，2014.

[10] 李晓兰.农村英语教师专业化研究 [M].苏州：苏州大学出版社，2015.

[11] 刘泓.社会资本视域下高校英语教师科研发展研究 [M].北京：中央民族大学出版社，2016.

[12] 童丽玲，戴日新，彭宣红.任务型教学设计视角下高职英语教师专业发展

研究与实践 [M]. 西安：西安交通大学出版社，2017.

[13] 陈蓼，蒋海燕. 英语专业教师思辨能力培养研究：以行动学习理论为框架 [M]. 北京：中央民族大学出版社，2015.

[14] 乔明文. 英语教师教育与发展的国际化视角研究 [M]. 上海：上海财经大学出版社，2018.

[15] 骆凤娟，莫海文. 农村初中新任英语教师学科教学知识发展研究 [M]. 广州：华南理工大学出版社，2019.

[16] 侯晓玮. 应用型本科院校商务英语教师专业发展研究 [M]. 天津：天津科学技术出版社，2020.

[17] 钟志贤. 知识建构、学习共同体与互动概念的理解 [J]. 电化教育研究，2005（11）：20-24.

[18] 杨彩霞，杨彩梅. 对教师知识研究取向与发展的思考 [J]. 教育探索，2006（1）：121-122.

[19] 全守杰. "学习共同体"研究理论考察与新探 [J]. 湖北经济学院学报（人文社会科学版），2007（10）：34-35.

[20] 徐继存. 教学个性的缺失与培育 [J]. 教育发展研究，2008（10）：29-32.

[21] 童成寿. 国内外高校外语教师素质研究 [J]. 湖北第二师范学院学报，2009，26（3）：112-113.

[22] 郑东辉，郭威. 参与课程领导：教师专业发展的新路径 [J]. 宁波大学学报（教育科学版），2010，32（2）：20-24.

[23] 沈玲. 论反思性教学在高职英语教学中的应用 [J]. 文教资料，2013（27）：175-176.

[24] 凌济政. 课堂教学评价视域下阻碍教师专业发展的问题概论 [J]. 河南财政税务高等专科学校学报，2014，28（6）：57-60.

[25] 王虹，刘志国，孙辰辰. 论企业文化中共同愿景的构建 [J]. 合作经济与科技，2014（17）：158-159.

[26] 包相玲. 大学英语教师专业发展的困境及其突破途径 [J]. 教育与职业，2014（30）：87-88.

[27] 孙爽飞 . 浅谈读书对教师的影响 [J]. 中国校外教育，2015（4）：3.

[28] 王雅君，郑燕林，马芸 . SWOT 视角下我国翻转课堂的推广策略探究 [J]. 中国教育信息化，2017（2）：9–12.

[29] 赵天星 . 浅析高等教育法规在高校教育工作中的践行 [J]. 明日风尚，2019（2）：146.